Edson J. R. Lobo

SEGURANÇA DA INFORMAÇÃO
Ameaças e Controles

SEGURANÇA DA
INFORMAÇÃO

Edson J. R. Lobo

SEGURANÇA DA INFORMAÇÃO

Ameaças e Controles

Segurança da Informação – Ameaças e Controles

Copyright© Editora Ciência Moderna Ltda., 2019

Todos os direitos para a língua portuguesa reservados pela EDITORA CIÊNCIA MODERNA LTDA.

De acordo com a Lei 9.610, de 19/2/1998, nenhuma parte deste livro poderá ser reproduzida, transmitida e gravada, por qualquer meio eletrônico, mecânico, por fotocópia e outros, sem a prévia autorização, por escrito, da Editora.

Editor: Paulo André P. Marques
Produção Editorial: Dilene Sandes Pessanha
Capa: Daniel Jara
Diagramação: Daniel Jara
Copidesque: Equipe Ciência Moderna

Várias **Marcas Registradas** aparecem no decorrer deste livro. Mais do que simplesmente listar esses nomes e informar quem possui seus direitos de exploração, ou ainda imprimir os logotipos das mesmas, o editor declara estar utilizando tais nomes apenas para fins editoriais, em benefício exclusivo do dono da Marca Registrada, sem intenção de infringir as regras de sua utilização. Qualquer semelhança em nomes próprios e acontecimentos será mera coincidência.

FICHA CATALOGRÁFICA

LOBO, Edson Junio Rodrigues.

Segurança da Informação – Ameaças e Controles

Rio de Janeiro: Editora Ciência Moderna Ltda., 2019.

1. Informática
I — Título

ISBN: 978-85-399-0977-3 CDD 001.642

Editora Ciência Moderna Ltda.
R. Alice Figueiredo, 46 – Riachuelo
Rio de Janeiro, RJ – Brasil CEP: 20.950-150
Tel: (21) 2201-6662/ Fax: (21) 2201-6896
E-MAIL: LCM@LCM.COM.BR
WWW.LCM.COM.BR

Sobre o autor

Edson é Analista de Sistemas e Consultor em Engenharia de Software e Tecnologia da Informação. Iniciou seu conhecimento em microinformática em 1993 onde se dedicava em cursos na área de Sistemas Operacionais, Circuitos Elétricos, Manutenção de Computadores, e por fim, à Programação de Computadores.

Entrou na faculdade em 2001 e se formou em 2004. Por ser dedicado a pesquisas, e por adquirir muitos conhecimentos através de práticas adquiridas e advindas de bons livros, Edson, desde então, obteve conhecimento vasto nas áreas de Engenharia de Software, Linguagens de Programação, Bancos de Dados, Aplicações Remotas, Protocolos, Segurança da Informação e outras.

Graduou-se em Tecnologia em Processamento de Dados no Centro Universitário de Goiás - Uni-Anhanguera – Goiânia. Possui vasto conhecimento em Processos e Metodologias de Desenvolvimento de Software e desde 1999 é autor de diversas aplicações de gerenciamento integrado para automação comercial e de uso empresarial.

É autor de diversas obras relacionadas à TI – Tecnologia da Informação. Em 2007, começou a escrever livros, e em 2009 já estava com 5 livros publicados. Dez anos depois está de volta para repassar os conhecimentos que adquiriu nesses últimos anos.

Edson também se dedica ao desenvolvimento de softwares e aplicativos, em várias linguagens e tecnologias, através do site www.informaticaservicos.com.br. Edson apresenta agora a você, pelo dom de ensinar, e através de textos técnicos, práticos e objetivos, uma profunda viagem ao assunto abordado nesta obra.

O seu site é www.edsonjrlobo.com.br – para contato de consultorias e desenvolvimento remoto de sistemas e/ou rotinas empresariais.

Para Quem é Este Livro?

Antes de iniciar os nossos estudos, vamos falar sobre os leitores que irão se apaixonar por este livro. Veja a seguir:

- Empresários;
- Administradores;
- Colaboradores administrativos;
- Usuários de sistemas de informação;
- Profissionais de Segurança da Informação;
- Programadores;
- Estudantes e pesquisadores em Software e Computação.

Mas Edson, por que este livro aborda um grupo tão grande de espectadores? Porque este livro aborda o assunto de Segurança da Informação a partir do zero, ou seja, ele te dá uma visão geral sobre o assunto, permitindo assim, que os conteúdos possam ser aprofundados posteriormente. Este livro foi escrito para lhe fazer pensar mais em Segurança da Informação!

Você não precisa ser um mestre em TI para ler este livro. Este material é para todos os profissionais, de todas as profissões. A linguagem é simples, prática, e tecnicamente entendível por profissionais de qualquer área. Todo o profissional que atua em sistemas precisa ler este livro. Desde os proprietários, colaboradores, terceirizados, ou seja, a empresa e a comunidade inteira!

O objetivo do Autor é deixar o(a) leitor(a) com um conhecimento mais completo sobre o mundo da Segurança da Informação, mundo este, que muita das vezes, nos assombra por ser tão difícil reunir todo o conteúdo em um único lugar.

Edson fez isso para você!
Venha conhecer mais, sobre este mundo fascinante!

Sumário

Capítulo 1
Introdução 1
    1.1 - Caráter 2
    1.2 - Malícia 3
    1.3 - Ação 4
    1.4 - Ferramentas 5
    1.5 - Visão 6
    1.6 - Sistemas de Informação 8
    Resumo do Capítulo 12

Capítulo 2
Redes de Computadores 15
    2.1 - Redes Ethernet 16
    2.2 - Tecnologia Cable Modem 22
    2.3 - Tecnologia DSL 23
    2.4 - Tecnologia Wireless (Wi-Fi) 24
    Resumo do Capítulo 27

Capítulo 3
Princípios de Segurança da Informação 29
    3.1 - Locais Adequados para Backups......................30
    3.2 - Senhas Seguras...31
    3.3 - Criptografia Segura 32
    3.4 - Sigilo de Documentos....................................33
    Resumo do Capítulo 35

X • Segurança da Informação - Ameaças e Controles

Capítulo 4
Conceitos de Segurança da Informação 37
    4.1 - Integridade 38
    4.2 - Restrição...39
    4.3 - Registro 40
    4.4 - Confidencialidade..41
    4.5 - Disponibilidade..43
    Resumo do Capítulo 45

Capítulo 5
Controles de Segurança da Informação 47
    5.1 - Controles Físicos 48
    5.2 - Controles Lógicos...48
    Resumo do Capítulo 50

Capítulo 6
Ameaças Hacker 51
    6.1- Malware 51
    6.2 - Vírus...55
    6.3 - Spam...57
    6.4 - Rootkit...61
    6.5 - Spyware...63
    6.6.- Trojan 64
    6.7 - Keylogger..66
    6.8 - Backdoor...67
    6.9 - Sniffer 69
    6.10 - Worm 70
    6.11 - Ransonware 71
    6.12 - Adware..74
    6.13 - Web Shields..76
    6.14 - Riskware..77
    6.15 - Winman32 79

6.16 - Descanso de Tela...81
6.17 - Vírus de Macro 82
6.18 - Links Maliciosos 83
6.19 - Sites Maliciosos 86
6.20 - Phishing - Sites Falsos...88
Resumo do Capítulo 90

Capítulo 7
Categorias Hacker...99
7.1 - Invasão Hacker 99
7.2 - Categoria Hacker..100
7.3 - Categoria Defacer 102
7.4 - Categoria Newbie 103
7.5 - Categoria Phreaker 104
7.6 - Categoria Cracker...105
7.7 - Categoria Script Kiddie 106
7.8 - Categoria Lammer 108
Resumo do Capítulo 110

Capítulo 8
Segurança Física da Informação 113
8.1 - Controle de Acesso Local..113
8.2 - Para-raios 115
8.3 - Estabilizadores Elétricos 116
8.4 - Filtros Elétricos 117
8.5 - Nobreaks 119
8.6 - Aterramentos...120
8.7 - Backup na Nuvem 122
Resumo do Capítulo 125

Capítulo 9
Segurança Lógica da Informação..................................127
   9.1 - Segurança Lógica 127
   9.2 - Network Defender...128
   9.3 - Backups Seguros 130
   9.4 - Senhas Seguras...131
   9.5 - Criptografia Segura 133
   9.6 - Limitando Informações na Rede 134
   Resumo do Capítulo 136

Capítulo 10
Segurança por Dispositivos Físicos 137
   10.1 - Dispositivos Físicos 137
   10.2 - O Modelo OSI 138
   10.3 - Segurança na Camada Física de Rede...........141
   10.4 - Segurança via Endereço MAC 141
   10.5 - Segurança na Camada de Rede 142
   10.6 - Controlando o Acesso na Rede com Proxy 143
   10.7 - Limitando o Acesso na Rede com Firewall.................145
   10.8 – Por que Proteger Entradas USBs em um
Computador?..147
   Resumo do Capítulo 150

Capítulo 11
Segurança por Honeypots (Potes de Mel) 153
   11.1 - Honeypot 153
   11.2 - Honeypots de Baixa Interatividade 154
   11.3 - Honeypots de Alta Interatividade 155
   11.4 - Honeynet..156
   11.5 - Honeynets Reais 157
   11.6 - Honeynets Virtuais.......................................158
   Resumo do Capítulo 159

Capítulo 12
Pacotes Antimalwares..161
   12.1 - Softwares Antivírus..162
   12.2 - Antirootkit 163
   12.3 - Antispam 164
   12.4 - Link Scanner..165
   Resumo do Capítulo 167

Capítulo 13
Segurança em Redes Wireless (Wi-Fi)................................169
   13.1 - Senhas Seguras no Wi-Fi..................................171
   13.2 - Utilizando Protocolos de Segurança 172
   13.3 - Ocultando o SSID 173
   13.4 - Implementando Segurança via Endereço MAC.......174
   Resumo do Capítulo 176

Capítulo14
As Necessidades da Segurança em TI
(Tecnologia da Informação) 179
   14.1 - Prejuízos pela Falta de Segurança em TI 179
   14.2 - Tendências na Segurança da Informação 181
   14.3 - Conclusão...182
   Referências 184

Capítulo 1

Introdução

Existe uma preocupação mundial a respeito de uma questão que se encontra em todas as áreas da sociedade: a segurança! Como sistemas de informação estão presentes em praticamente todas as áreas da sociedade, é natural que a segurança em sistemas também passe a fazer parte do dia a dia das pessoas, resultando assim em uma ciência chamada Segurança da Informação. E é exatamente dessa ciência que vamos tratar aqui.

Quando ouvimos o termo "segurança", temos logo a impressão de que se refere a fatores relacionados a influências e ataques externos, mas isso não é verdade. A segurança, de um modo geral, depende também de fatores internos, para que fatores externos não possam vir quebrar a segurança.

Mas por que os fatores e recursos internos são tão importantes?

Isso ocorre porque medidas devem ser tomadas para evitar que ameaças externas consigam penetrar indevidamente na empresa, residência ou instituição. Se uma falha ocorrer, por exemplo, em setores de armazenamento de dados, caso não se tenha uma forma de reverter esse quadro crítico de segurança com rapidez e eficácia, os prejuízos podem ser milionários e irreversíveis.

Ao longo deste livro, apresentarei os fatores que mais contribuem para a segurança nos sistemas de informação. Alguns desses fatores internos estão relacionados a seguir:

2 • Segurança da Informação - Ameaças e Controles

* Caráter;
* Malícia;
* Ação;
* Ferramentas;
* Visão.

Vamos então analisar, com detalhes, cada um desses fatores, começando com os itens acima relacionados, os quais estão mais bem detalhados a seguir.

1.1 - Caráter

O caráter está relacionado ao que um indivíduo é, tendo ou não, outras pessoas presentes. É o que está no mais íntimo de um ser, e por isso, é tão singular para cada um. Não é o regime que fará com que um indivíduo tenha um bom caráter, mas sim, o seu interior.

Empresas normalmente definem regras a seguir, mas, também é bom pensar nas alternativas certas, para quando algum meio de controle falhar. Você saberia exatamente como irão agir seus colaboradores em cada situação? E o seu colega de trabalho? Você sabe realmente qual será a ação dele quando ninguém estiver olhando?

É exatamente o caráter de um indivíduo que nos diz quem ele realmente é. E é também pelo seu caráter que profissionais serão selecionados pelo setor de psicologia empresarial.

É inegável que pessoas que têm acesso a dados devam ser 100% íntegras em seu caráter, pois se assim não for, falhas de segurança poderão acontecer.

Qualquer profissional que tem permissão de acesso a um sistema de informação, seja qual for o nível, tem um certo "poder", não necessariamente ligado às funcionalidades daquele software, mas no que está relacionado ao acesso aos dados. Basta para isso, possuir um login e senha que lhe deem a permissão para acessar as informações que estão disponíveis no sistema.

O caráter de um profissional, em qualquer setor que utilize sistemas de informação, é indispensável para garantir o sigilo das informações disponíveis no banco de dados deste sistema.

Não se iluda em achar que ataques hackers só vêm de fora, e que eles, os hackers, não irão utilizar da inocência do quadro de colaboradores da sua empresa, para penetrar no seu sistema!

Por isso, o caráter é um dos fatores internos principais, indispensáveis para a segurança, em qualquer sistema de informação.

1.2 - Malícia

Ao contrário da ingenuidade, colaboradores bem treinados irão ter a astúcia necessária para não permitir que um indivíduo estranho tenha acesso aos computadores da empresa sem a devida autorização.

É de conhecimento que muitos hackers utilizam a ingenuidade de colaboradores da empresa para penetrar. Não estou falando só de penetração via rede de computadores, também estou falando de um contato físico, com pen drive, por exemplo.

Não é fácil encontrar colaboradores no mercado que estejam preparados para todos os requisitos de segurança da informação. Mas, podemos treiná-los!

Treinar colaboradores para ter segurança nos dados não significa que cada um tenha que fazer um MBA em Segurança, mas é a soma de várias atitudes simples que irá fazer a diferença no final.

4 • Segurança da Informação - Ameaças e Controles

Imagine, por exemplo, um pen drive, que veio de uma Lan House, com trabalhos de faculdade de um colaborador que está fazendo um curso superior, para melhor atender às necessidades de qualificação na sua empresa. Este pequeno dispositivo, que não foi devidamente escaneado, pode comprometer toda a sua empresa, ao ser plugado em um de seus computadores.

Não é por querer, é ingenuidade mesmo!

Mas é realmente difícil ter que contar com que, no caso de empresas de médio à grande porte, centenas de colaboradores tenham cuidado com os seus pen drives, entre outras mídias eletrônicas.

Mais adiante, neste livro, falarei com mais detalhes de como resolver esse problema, que para mim está mais para uma grande ameaça, visto que vírus complexos podem entrar na sua rede, e fazer, em poucos minutos, um grande estrago.

1.3 - Ação

Pessoas maliciosas podem atacar a qualquer momento os computadores da sua empresa, visto que um computador sem rede, sem Internet, praticamente já não existe nos dias atuais.

Por isso, toda e qualquer empresa, precisa ter um plano de ação contra problemas de segurança, o mais rápido e eficiente possível. Caso contrário, um dia, terá problemas. E isso provavelmente ocorrerá no pior momento possível. Podendo até fazer a sua empresa perder ótimos clientes, ou você perder o seu emprego.

Começa a ficar claro agora, como é importante ter um plano de ação para proteger a informação, que é praticamente, a base para o funcionamento dos negócios.

É difícil existir uma empresa hoje que não possui um banco de dados robusto, com informações que devem ser mantidas em sigilo, por exemplo, dados pessoais de seus clientes, dados bancários, dados de cartões de crédito. Já imaginou tudo isso caindo em mãos erradas?

Se alguém fizer algo muito errado com os dados dos seus clientes, até que se descubra quem o fez, isso poderá lhe causar grandes problemas.

Só para deixar uma deixa, quem nunca viu um vendedor em uma grande rede de lojas passar um CPF qualquer, só para não ter que cadastrar o novo cliente?

Como eu disse antes, estou falando isso, só para deixar uma deixa...

Ações referem-se às atitudes que devem ser tomadas para garantir a integridade e sigilo das informações contidas em um banco de dados. Toda a estratégia tomada para garantir integridade e sigilo da informação representa uma ação para garantir a segurança da informação.

A ação deve garantir que os dados não sejam acessados por pessoas indevidas, que os dados permaneçam sempre íntegros, verdadeiros, sem falhas, e que se algo der errado, possam ser recuperados de forma rápida e eficaz.

1.4 - Ferramentas

Garantir a integridade e sigilo da informação, não é tarefa fácil, mas deve ser perseguida por qualquer empresa ou instituição que mantém um banco de dados, que normalmente possui dados de terceiros, inclusive. Ferramentas são essenciais para impedir que uma pessoa não autorizada obtenha dados de um sistema, entre elas, estão algumas a seguir:

- Controle de acesso local;
- Senhas e gerenciamento de senhas;

6 • Segurança da Informação - Ameaças e Controles

- Criptografia;
- Controle rigoroso de acesso remoto;
- Controle de tráfego na rede;
- Limitação de informações disponíveis na rede;
- Segurança via Servidores Proxy e Firewall;
- Segurança via Honeypots;
- Segurança via Honeynets;
- Antivírus;
- Antispywares;
- Antirootkit;
- Antispam;
- Web Shield;
- Linkscanner;
- Segurança em camadas do modelo OSI;
- Segurança em redes Wireless.

Estas ferramentas e estratégias serão abordadas neste livro.

Ferramentas são mecanismos que irão nos auxiliar na manutenção da integridade e sigilo da informação, normalmente, disponível em um SGBD (Sistema de Gerenciamento de Banco de Dados).

1.5 - Visão

Para ter segurança, é preciso conhecer a ameaça. Para conhecer a ameaça, é preciso visualizá-la, antes mesmo dela estar batendo à sua porta, até mesmo porque se tratando de sistemas de informação, as ameaças batem menos pela porta da frente, e muito mais adentram pelas portas dos fundos.

Isso não significa que uma ameaça não baterá na porta da frente da sua empresa! Se um hacker perceber a vulnerabilidade da sua empresa, e se ele tiver algum interesse lá, ele vai bater na porta da frente, se preciso for. Pode acreditar.

Mais adiante, falarei mais sobre estes assuntos e como eles ocorrem.

Visualizar as ameaças e elaborar planos para evitar que essas ameaças atinjam a integridade de nosso sistema, fará com que o sistema esteja preparado para resistir a qualquer contratempo, que venha atrapalhar o seu funcionamento ou trazer algum transtorno imediato ou futuro.

É importante que esta visão seja compartilhada por todos os profissionais de TI, visto que os sistemas são mantidos por esses profissionais.

Esta obra aborda muitas questões práticas do dia a dia relacionadas à Segurança da Informação. Isso permite que qualquer usuário de sistemas tenha uma boa visão em relação ao que deve ser feito, para conseguir em sua empresa, ou até mesmo sua residência, sistemas seguros.

Abordar estes fatores é a proposta deste livro.

Permitir que profissionais e usuários tenham uma visão do que está sendo produzido em termos de Segurança da Informação, apresentando assim, ferramentas e mecanismos que poderão ser utilizados para garantir integridade e sigilo da informação dos sistemas.

E o mais importante é que este livro trata dos assuntos de forma livre, sem utilização de ferramentas únicas e específicas. Isso permite que planos de segurança sejam discutidos e elaborados em qualquer sistema ou plataforma.

1.6 - Sistemas de Informação

Antes de pensar em segurança da informação, precisamos pensar em todos os aspectos de um sistema de informação, isto porque, para garantir a segurança devemos conhecer todo o ambiente que o sistema envolve.

Quando falamos em sistemas, pensamos primeiramente em software, mas um sistema de informação não é apenas software, mas todo o conjunto de recursos e peças envolvidas na organização dos dados, que resultarão em um conjunto de informações disponíveis, normalmente, em um banco de dados.

Para exemplificar, uma pessoa pode ser considerada peça fundamental de um sistema de informação, dependendo do grau de conhecimento dela em relação a esse sistema. Essa pessoa poderá ser uma peça-chave para os usuários novatos deste sistema. Por isso, a segurança da informação também envolve pessoas.

Sistemas de informação, normalmente, irão necessitar de segurança para funcionar de forma útil e eficiente, isto porque a segurança nos dados gera confiança, entre outras características positivas para a organização.

Atualmente, a notícia, é um fato que propaga com velocidade impressionante, justamente por causa dos sistemas de informação. Então, se uma empresa possui um sistema seguro, esta notícia irá chegar até o conhecimento do grupo de clientes atuais e potenciais desta empresa. Com certeza a segurança dos seus sistemas, irá influenciar muito nas decisões dos seus clientes.

Os sistemas de informação são armas que podem ser utilizadas tanto a favor, quanto contra a organização que os mantêm, isto porque todo o histórico e toda a informação de uma organização estão nele. O setor de administração das empresas sabe da importância da segurança nos sistemas de informação, e eles também devem saber que esta segurança depende dos usuários desses sistemas.

Muitas pessoas desavisadas podem achar que é fácil burlar um sistema de informação. O que essas pessoas não sabem, é que softwares normalmente registram todos os passos realizados em cada ação, com registros de quando, e quem o fez. Burlar softwares hoje, com os recursos que estão disponíveis em tecnologia, é uma tarefa difícil e na maioria das vezes, passível a falhas.

Estamos na era da informação. Os sistemas estão cada vez mais complexos e robustos, e com a integração de tecnologias, eles estão oferecendo cada vez mais recursos para melhor nos atender.

Conectar um computador em um aparelho celular, outro sistema operacional, máquinas e equipamentos industriais, entre inúmeros outros aparelhos, está ficando cada vez mais fácil, simples e comum. Comprar equipamentos hoje desprovidos de interfaces de comunicação significa comprar algo provavelmente inútil, ou no mínimo, limitado.

Sistemas de informação devem ser "abertos", em outras palavras, conectáveis e facilmente comunicáveis, com o mundo exterior. Isto significa que sistemas devem possuir interfaces de comunicação com outros sistemas, tecnologias e plataformas, sem deixar de lado a segurança.

A necessidade de unir tecnologias e sistemas está relacionada à necessidade de evolução e expansão dos sistemas. Garantindo isso, estaremos ampliando os recursos disponíveis dos sistemas e garantindo o seu futuro.

Vamos então visualizar as principais "peças" que compõem um sistema de informação atualmente:

- Usuários;
- Computador;

- Sistema operacional;
- Rede local (Ethernet);
- Firewall;
- Modem;
- Roteador Wi-Fi;
- Rede externa (Internet);
- Servidor / Provedor de Internet;
- Subsistemas Web.

Veja na figura 1.1, a estrutura deste sistema:

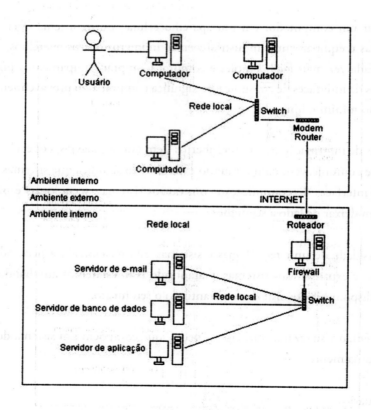

Figura 1.1 - Um sistema de informação

A figura 1.1 representa um sistema de informação global, visto que a maioria dos computadores está na Internet, usufruindo dos inúmeros serviços que a Web nos oferece, e que a cada dia só aumenta.

Atualmente, um computador sem uma conexão com a Internet não tem muita utilidade, por isso, não é fácil possuir um sistema altamente seguro, sendo necessário um cuidado e realização de muitas tarefas para manter a integridade e segurança destes sistemas.

No capítulo a seguir, veremos alguns conceitos sobre redes de computadores, visto que elas fazem parte de todas as arquiteturas dos sistemas atuais, pois são elas que garantem a comunicação e ampliação destes sistemas.

Resumo do Capítulo

- Quando ouvimos o termo "segurança", temos logo a impressão de que se refere a fatores relacionados a influências e ataques externos, mas isso não é verdade. A segurança, de um modo geral, depende também de fatores internos, para que fatores externos não possam vir quebrar a segurança.

- Na falta de Segurança da Informação, os prejuízos podem ser milionários e irreversíveis.

- Os fatores que mais contribuem para que uma empresa tenha sistemas seguros são: Caráter; Malícia; Ação; Ferramentas e Visão.

- Antes de pensar em segurança da informação, precisamos pensar em todos os aspectos de um sistema de informação, isto porque, para garantir a segurança devemos conhecer todo o ambiente que o sistema envolve.

- Quando falamos em sistemas, pensamos primeiramente em software, mas um sistema de informação não é apenas software, mas todo o conjunto de recursos e peças envolvidas na organização dos dados, que resultarão em um conjunto de informações disponíveis, normalmente, em um banco de dados.

- Os sistemas de informação são armas que podem ser utilizadas tanto a favor, quanto contra a organização que os mantêm, isto porque todo o histórico e toda a informação de uma organização estão neles.

- Muitas pessoas desavisadas podem achar que é fácil burlar um sistema de informação. O que essas pessoas não sabem, é que softwares normalmente registram todos os passos realizados em cada ação, com registros de quando, e quem o fez.

- Sistemas de informação devem ser "abertos", em outras palavras, conectáveis e facilmente comunicáveis, com o mundo exterior. Isto significa que sistemas devem possuir interfaces de comunicação com outros sistemas, tecnologias e plataformas, sem deixar de lado a segurança.

- As principais peças que compõem um sistema de informação atualmente são: Usuário; Computador; Sistema operacional; Rede local (Ethernet); Firewall; Modem; Roteador Wi-Fi; Rede externa (Internet); Servidor / Provedor de Internet; Subsistemas Web.

Capítulo 2

Redes de Computadores

No início da computação os computadores eram utilizados individualmente, até mesmo porque eram uma evolução no setor industrial e eram poucos os dispositivos existentes.

Não demorou muito para surgir a necessidade de se criar uma estrutura capaz de permitir a comunicação entre estes equipamentos. A comunicação entre computadores é realizada para permitir que os variados recursos dessas máquinas sejam compartilhados.

Imaginar um computador hoje que não tem uma comunicação com outros computadores, é um fato que praticamente o inutilizará. As redes de computadores surgiram para que os recursos de arquivo, impressão e armazenamento fossem compartilhados entre um grupo de computadores, mas isto hoje em dia vai além.

Com o surgimento da grande rede, a Internet, várias redes de computadores podem hoje ser conectadas, permitindo o compartilhamento dos recursos anteriormente citados, além de vários outros serviços como o comércio eletrônico, marketing, escolas virtuais, e por fim, a pura, simples e útil informação.

Para qualquer equipamento computadorizado adquirido atualmente, deve ser levado em conta a sua capacidade de se comunicar com outros aparelhos, o que nós chamamos de Interface de Comunicação. Normalmente isso é feito através de alguma arquitetura de rede. Veja as modalidades (padrão de comunicação) de redes de computadores mais utilizadas atualmente:

- Ethernet;
- Cable Modem;
- DSL;
- Wireless (Wi-Fi):
- Infravermelho;
- Radiofrequência.

Vamos, então, conhecer as características de cada uma destas redes.

2.1 - Redes Ethernet

Uma rede Ethernet é utilizada para conectar computadores localmente (fora da Internet), via cabo ou wireless (Wi-Fi), através de ondas de radiofrequência ou sinais elétricos. Cada rede se baseia no envio e recebimento de pacotes de dados que trafegam nesta rede, e são endereçados e enviados a computadores conectados a ela.

Veja um exemplo de rede Ethernet na figura 2.1.

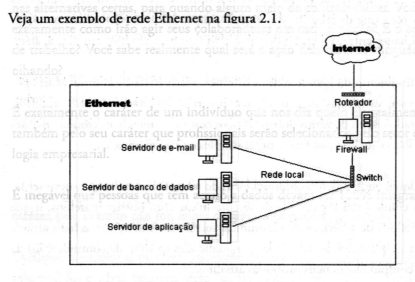

Figura 2.1 - Uma rede Ethernet

Esta rede utiliza um protocolo de comunicação útil para o seu funcionamento. O protocolo de comunicação é o TCP/IP, que define um endereço para cada computador, que é uma sequência do tipo 192.168.10.1, que comumente chamamos de IP.

Os IPs são utilizados para que os pacotes (sequência de dados) sejam recebidos por uma máquina específica na rede.

A topologia de rede Ethernet mais utilizada atualmente é a Topologia em Estrela, que possui um ponto central que controlará o tráfego na rede, endereçando os pacotes às suas referentes máquinas. O equipamento utilizado como ponto central em uma topologia de rede em Estrela é o Switch.

Veja a figura 2.2, uma topologia de rede em Estrela:

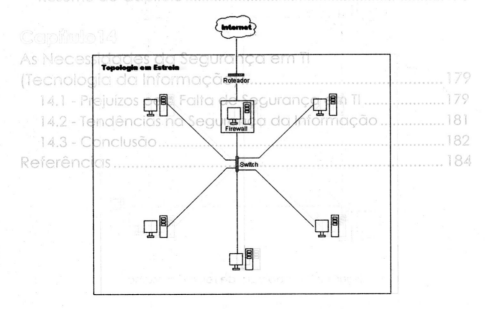

Figura 2.2 - Topologia de rede em Estrela

Atualmente, os roteadores Wi-Fi assumem o lugar do Switch para distribuir os pacotes em redes Wireless (sem fio).

Além da topologia em Estrela, também temos em uso, para redes mais robustas, as topologias em Malha e Árvore.

Operadoras de telecomunicação utilizam topologias de Malha ou Árvore para levar a Internet até empresas, instituições e residências.

Veja nas figuras 2.3 e 2.4 a seguir, exemplos destas duas topologias:

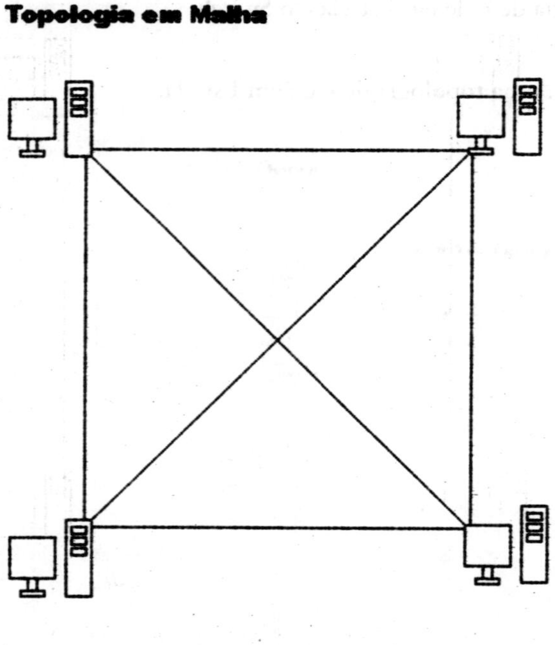

Figura 2.3 - Topologia de rede em Malha

Topologia em Árvore

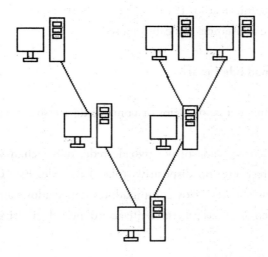

Figura 2.4 - Topologia de rede em Árvore

O padrão de redes Ethernet utilizado internacionalmente é o OSI - *Open Systems Interconnection*, padrão definido pela ISO - *International Organization for Standardization*. Juntando as duas siglas, temos o termo ISO/OSI comumente utilizado.

A seguir, vamos conhecer alguns detalhes sobre as camadas que compõem as redes de computadores, para que mais adiante possamos entender melhor como hackers utilizam vários meios, seja ele físico, ou software, para invadir estas redes.

Vamos então conhecer melhor como é composta, no geral, uma rede de computadores.

Camada 1 – Camada Física

Está relacionada basicamente à infraestrutura. Esta camada é constituída pelos meios físicos de comunicação. Ela define características como voltagem, ondas eletromagnéticas e a distância dos cabos na rede.

Camada 2 – Camada de Enlace

Esta camada é composta pelos meios de controle de acesso à rede.

Existe um endereço em cada dispositivo de rede, que é chamado de endereço MAC. Este endereço está no dispositivo (placa) de rede. Este controle garante o recebimento dos pacotes pelos computadores conectados na rede, onde cada pacote só será recebido, mais precisamente aceito, pelo dispositivo para o qual ele é destinado.

Camada 3 – Camada de Rede

Define a rota (caminhos) na rede, via endereço IP. Esta camada define um IP para cada computador, que será utilizado para a entrega dos pacotes (sequência de dados), que irão trafegar na rede.

Camada 4 – Camada de Transporte

É composta pelos protocolos de transporte de dados. Normalmente esses protocolos são o TCP, que envia pacotes endereçados e com controle confiável de recebimento, ou o UDP, que é um protocolo mais rápido e leve que o TCP e envia pacotes para todos os endereços da rede, muito utilizado em transmissão de rádio.

Camada 5 – Sessão da Rede

Controla as sessões de usuários na rede. Faz um controle mais refinado, permitindo que estações comuniquem entre si, para envio e recebimento de arquivos e mensagens.

Camada 6 – Camada de Apresentação

Define a criptografia e o formato dos dados que estarão trafegando na rede.

Camada 7 – Camada de Aplicação

É composta por instâncias de rede para serviços de aplicação, como por exemplo, o FTP, que é utilizado para envio de arquivos a servidores, o SMTP para envio de e-mails, e o HTTP, para a navegação Web, entre outros serviços.

A maioria dos usuários só terá acesso a esta sétima camada, visto que as camadas anteriores são implementadas por profissionais de redes de computadores.

Como os usuários estão utilizando aplicativos na camada 7 do modelo ISO/OSI, é função dos profissionais em TI (Tecnologia da Informação) deixar todas as outras camadas funcionais para a sua utilização.

Veja na figura 2.5, uma ilustração que representa de forma resumida, todas as camadas de uma rede modelo ISO/OSI.

22 • Segurança da Informação - Ameaças e Controles

Figura 2.5 - Camadas de rede modelo ISO/OSI

2.2 - Tecnologia Cable Modem

É a tecnologia utilizada para implementação de redes via cabo, para transportar dados. Muito utilizada para fornecer acesso à Internet.

Esta rede utiliza cabos coaxiais e um aparelho para codificação e decodificação dos dados, o modem.

O acesso a uma rede Cable Modem normalmente é fornecido por uma empresa especializada em Tecnologia de TV a Cabo. Sua instalação e configuração são simples, pois normalmente são fornecidas pela empresa responsável pelo serviço, podendo ter custo ou não.

Esta rede é utilizada para fornecer acesso e conexão de redes à longa distância, como é o caso da Internet.

A figura 2.6 apresenta um modem típico, muito utilizado em transmissões via cabo, para Internet.

Figura 2.6 – Cable Modem

2.3 - Tecnologia DSL

Também para fornecer acesso e interconexão de redes, a tecnologia DSL, que significa *Digital Subscriber Line*, oferece a possibilidade de conexão de redes via transmissão digital de dados.

A tecnologia DSL também necessita de um modem para modular (codificar) e demodular (decodificar) os dados, que serão transmitidos via tecnologia telefônica.

É importante ressaltar que tanto esta tecnologia quando a tecnologia de Cable Modem, já tem uma concorrente que não precisa de cabos para se comunicar, e via satélite, pode chegar até os seus usuários. Esta tecnologia é a Wireless. Nós já utilizamos esta tecnologia em nossas Ethernets (pequenas redes locais).

A figura 2.7 apresenta um modem DSL típico, muito utilizado em transmissões DSL, para Internet.

Figura 2.7 – Modem DSL

2.4 - Tecnologia Wireless (Wi-Fi)

A Tecnologia Wireless, que utiliza o padrão Wi-Fi, é a tecnologia de redes que permite vários pontos na rede sem a necessidade de uso de cabos.

A tecnologia de ondas, que era um sonho, agora é realidade.

Mas isso não significa que os cabos deixaram, ou deixarão de existir, visto que a segurança e estabilidade de uma rede cabeada é bem reconhecida e valorizada.

A figura 2.8 mostra um modem Wi-Fi típico para as atuais redes Wireless.

Figura 2.8 - Modem Wi-Fi

A Tecnologia Wireless utiliza radiofrequência ou infravermelho para transmitir os dados, e atualmente existem muitas redes wireless públicas disponíveis, e é exatamente aí, que a segurança se complica.

Vamos falar sobre um caso comum:

Imagina que uma House Café lhe oferece uma rede Wi-Fi para se conectar. Até ai tudo bem. Agora, imagina, se um hacker chegar em um veículo próximo do local, e de dentro dele, disponibilizar uma rede Wi-Fi com o mesmo nome da rede da House Café, para você se conectar pelo seu Smartphone, iPhone, ou Notebook.

Para que isso ocorra, o hacker precisará derrubar antes a rede Wi-Fi da House Café, ou qualquer outra empresa, seja lá qual for.

Isso é um pouco difícil, mas é possível.

A House Café (ou qualquer outra empresa) está realmente oferecendo uma rede Wi-Fi com as melhores das intenções. As más intenções estão do lado de fora.

Veja este caso na ilustração da figura 2.9.

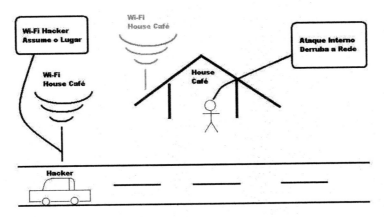

Figura 2.9 - Ataque hacker em rede Wi-Fi

Agora, imagina o que o hacker lá fora pode estar pensando em fazer...

Eu te garanto que nem a House Café, nem você, poderá saber se há um hacker lá fora ou não. Mas calma, é possível se prevenir contra um ataque desses. E como já disse, isso vale não só para a House Café, mas para qualquer empresa que, com boas intenções, disponibilizam Wi-Fi grátis para seus clientes. E esse problema pode ocorrer até com empresas que nem ofereceram Wi-Fi algum.

Percebe agora, que Wi-Fi é bom, mas precisamos tomar alguns cuidados? Mas há modos de prevenir tal situação. Falaremos neles mais adiante.

Resumo do Capítulo

- Para qualquer equipamento computadorizado adquirido atualmente, deve ser levado em conta a sua capacidade de se comunicar com outros aparelhos, o que nós chamamos de Interface de Comunicação.
- Os padrões de comunicação de redes de computadores mais utilizados atualmente são: Ethernet; Cable Modem; DSL; Wireless (Wi-Fi); Infravermelho e Radiofrequência.
- Uma rede Ethernet é utilizada para conectar computadores localmente (fora da Internet), via cabo ou wireless (Wi-Fi), através de ondas de radiofrequência ou sinais elétricos.
- Redes atuais utilizam o protocolo de comunicação TCP/IP.
- A topologia de rede Ethernet mais utilizada atualmente é a Topologia em Estrela, que possui um ponto central que controlará o tráfego na rede, endereçando os pacotes às suas referentes máquinas.
- Atualmente, os roteadores Wi-Fi assumem o lugar do Switch para distribuir os pacotes em redes Wireless (sem fio).
- Operadoras de telecomunicação utilizam topologias de Malha ou Árvore para levar a Internet até às residências.
- O padrão Ethernet utilizado é o OSI - *Open Systems Interconnection*, padrão definido pela ISO - *International Organization for Standardization*. Juntando as duas siglas, temos o termo ISO/OSI comumente utilizado.
- O padrão de redes Ethernet modelo ISO/OSI possui 7 camadas, a seguir:

28 • Segurança da Informação - Ameaças e Controles

Camadas de Rede Modelo ISO/OSI

7	Aplicação	Instâncias para Aplicações
6	Apresentação	Representação dos Dados
5	Sessão	Instância de Comunicação
4	Transporte	Protocolos
3	Rede	Rotas e Caminhos
2	Enlace	Controles de Acesso
1	Física	Meios Físicos

Capítulo 3

Princípios de Segurança da Informação

Segurança da informação é uma necessidade que surgiu já no primeiro momento em que os computadores começaram a existir. O fato de se pensar em segurança sempre está ligado a situações adversas e prejudiciais, quando uma informação cair em mãos erradas.

Para citar alguns exemplos de situações que podem ocorrer, vamos analisar no dia a dia, o que mais preocupa os usuários de sistemas, em questões relacionadas à segurança:

- Perda de dados;
- Roubo de senhas;
- Vazamento de informações confidenciais;
- Extinção de documentos.

A partir destas quatro situações, podemos definir os princípios de segurança da informação, os quais devemos nos preocupar sempre, para evitar que variados fatos desagradáveis relacionados à falta de segurança, possam ocorrer:

1. Manter backups em locais separados e seguros;
2. Manter senhas seguras que variam em tempo determinado;
3. Utilizar criptografia segura no tráfego de dados;
4. Manter sigilo de documentos importantes e armazenados digitalmente, limi- tando o acesso a este local.

30 • Segurança da Informação - Ameaças e Controles

Analisando cada princípio, podemos chegar a uma solução satisfatória para manter a integridade e sigilo nos dados do sistema.

Quem nunca dormiu pensando se o seu Servidor de Banco de Dados 24hs está realmente seguro naquele momento? E quem nunca pensou no que aconteceria se ao ligar o computador no dia seguinte, todos os seus arquivos estivessem criptografados com senha, que só o hacker criador do vírus tem? E ele só te passará a senha, se você pagar o resgate!

3.1 - Locais Adequados para Backups

Backups de sistemas são cópias de segurança dos arquivos e dados, que possam ser recuperados quando necessário. Esses backups devem estar, preferencialmente, atualizados diariamente, e prontos para serem utilizados, em caso de perda de dados.

Quanto mais rápida for a restauração de backups, melhor, mas isso não é o mais importante. O mais importante é que devemos manter um conjunto de vários backups, que devem estar em locais seguros e que sejam em meio físico (sala/prédio) diferente do que está localizado o banco de dados.

Mas, por quê?

Backups longe do meio físico onde se encontra o banco de dados ou sistema, garantem a recuperação dos dados caso algum imprevisto físico aconteça no local, por exemplo, um incêndio, terremoto, ou simplesmente, o furto das máquinas (computadores).

Os backups não estão limitados apenas a bancos de dados, mas também a softwares ou códigos-fontes. No caso de um ambiente de desenvolvimento de software, ainda é mais crítico, visto que códigos-fontes são muito visados, apesar de estarem

Capítulo 3 Princípios de Segurança da Informação • 31

a cada dia mais complexos e mais difíceis de entender. Eu sempre digo: é mais fácil e eu prefiro fazer um software do zero, do que ter que entender um que já está pronto. Risos...

Garantir que qualquer tipo de dado seja restaurado, em qualquer situação, é o primeiro princípio da Segurança da Informação.

Também precisamos saber que, além de manter vários backups anteriores, não devemos substituir um backup que já existe, visto que, se ocorrer algum defeito nos arquivos de origem (do sistema) que não puderam ser identificados de imediato, os vários backups anteriores estarão lá, exatamente para corrigir o problema.

Se você não mantiver pelo menos algumas dezenas de backups diários anteriores, esses backups podem não lhe valer nada, quando você precisar. Em outras palavras: é melhor perder alguns dias ou alguns meses de trabalho, do que perder tudo!

3.2 - Senhas Seguras

Atualmente, a segurança da maioria dos sistemas de informação é através da restrição de acesso, através de senhas. Manter senhas seguras significa impedir que pessoas não autorizadas entrem no sistema. Para que uma senha possa ser considerada segura, você deve seguir, pelo menos, os seguintes requisitos:

- Senhas de no mínimo 10 caracteres, incluindo caracteres alpha, números e caracteres especiais ($%@#: etc);
- Exigir mudança de senha periodicamente;
- Utilizar criptografia de chave privada;
- Confiar senhas a pessoas confiáveis.

Quando um sistema cai, as pessoas logo pensam que um super-hacker conseguiu sozinho invadir o sistema. Isso não é verdade. Não adianta em nada a equipe de TI implantar um sistema muito seguro, se os seus usuários utilizarem senhas muito fáceis de serem descobertas. Vamos a alguns exemplos de senhas fáceis que usuários desavisados utilizam em sistemas:

1. Datas de aniversários;
2. Datas de aniversários invertidas;
3. Palavras simples do dicionário;
4. Números sequenciais, tipo 123456, ou 654321;
5. A palavra Senha.

Sabe-se que a palavra frágil para senha mais utilizada no mundo é "Senha". Isso ocorre porque usuários que não tiveram a oportunidade de conhecer melhor o funcionamento dos sistemas, ao ver o software solicitando o cadastro da senha, ele repete o que o sistema está pedindo. Os hackers sabem disso! Então, jamais utilize a palavra "senha" para ser a senha de qualquer sistema!

Nunca crie senhas fáceis! Misture palavras, com números e caracteres especiais (Ex.: sss#@12_14). Isso dificulta, e muito, softwares maliciosos a encontrar (descobrir) senhas, por tentativa e erro.

3.3 - Criptografia Segura

Quando trabalhamos em um sistema em rede, o que é mais comum, precisamos nos preocupar com "o que está no caminho".

Quando um computador solicita dados de um outro computador na rede, esses dados devem ser criptografados, ou seja, codificados para uma linguagem conhecida somente pelo aplicativo de criptografia e descriptografia de dados.

Isto é necessário para garantir que caso os dados sejam interceptados por um aplicativo de "escuta" na rede, não possam ser compreendidos.

Capítulo 3 Princípios de Segurança da Informação • **33**

Mas isso não quer dizer que basta criptografar os dados, e pronto. É necessário utilizar uma criptografia segura, que possa garantir que, mesmo que o intruso disponha de ótimos softwares, e ótimos computadores, não possam reverter os dados criptografados.

Sistemas de criptografia privada utilizam uma sequência de caracteres conhecida apenas pelo administrador do software, chamada chave privada. A chave privada impedirá a descriptografia dos dados, mesmo que o interceptor seja um perito no algoritmo do aplicativo de criptografia de dados.

Isso se dá ao fato de que o software de criptografia sempre baseará na chave privada para criptografar, e quem não conhecer essa chave, não poderá revelar os dados criptografados.

Vale dizer também que, quem possui uma chave privada, deve se certificar de não perdê-la, ou esquecê-la, caso contrário, quando essa chave for necessária, os dados estariam criptografados para sempre. Realmente, os algoritmos de criptografias atuais são muito eficientes!

Os sites de Internet, que fazem operação de valores, utilizam e devem utilizar este recurso, para dificultar a captura de senhas, dados de cartão de crédito e informações dos usuários do site.

A criptografia é o meio indispensável para dificultar a captura de dados, permitindo assim, que sistemas possam trafegar dados pela rede de forma segura.

3.4 - Sigilo de Documentos

É muito comum encontrar documentos importantes armazenados em um computador. Esses documentos, normalmente, ficam armazenados em pastas, que muitas vezes, estão desprotegidos de senhas.

34 • Segurança da Informação - Ameaças e Controles

Veja a seguir, alguns exemplos de documentos que se pode encontrar em um computador pessoal, ou de empresa:

- Dados de um projeto científico;
- Documentação de software;
- Códigos-fontes de software;
- Dados bancários;
- Documentos pessoais;
- Documentos empresariais;
- Entre inúmeros outros documentos importantes.

Pastas que contêm esses documentos não devem estar "expostas" em uma rede de computadores, mas sim, em locais específicos e escondidos, não apenas visualmente, mas protegido com senha segura de acesso.

Em caso de acesso em um sistema por pessoas não autorizadas, os documentos importantes são os que serão "caçados" primeiro, além de senhas e outras informações sigilosas que poderão estar eventualmente disponíveis. E só depois, os hackers vão "badernar" o que sobrar. Por isso, manter estes documentos protegidos por criptografia, chave e senha, é tão importante. O ideal é que ninguém, além dos proprietários, saiba da existência desses documentos.

Estes são os Quatro Princípios de Segurança da Informação que defino. A partir deles, podemos chegar a sistemas altamente seguros. É claro que com muito esforço, e sempre com o pensamento de aumentar cada vez mais a segurança já implementada até o momento.

Capítulo 3 Princípios de Segurança da Informação • 35

Resumo do Capítulo

- Segurança da informação é uma necessidade que surgiu já no primeiro momento em que os computadores começaram a existir. O fato de se pensar em segurança sempre está ligado a situações adversas e prejudiciais, quando uma informação cair em mãos erradas.

- O que pode ocorrer caso haja falha na segurança da informação? Perda de dados; Roubo de senhas; Vazamento de informações confidenciais; Extinção de documentos.

- A partir destas quatro situações, podemos definir os princípios de segurança da informação, os quais devemos nos preocupar sempre, para evitar que variados fatos desagradáveis relacionados à falta de segurança possam ocorrer:
  - Manter backups em locais separados e seguros;
  - Manter senhas seguras que variam em tempo determinado;
    - Senhas de no mínimo 10 caracteres, incluindo caracteres alpha, números e caracteres especiais ($%@#: etc);
    - Exigir mudança de senha periodicamente;
    - Utilizar criptografia de chave privada;
    - Confiar senhas a pessoas confiáveis;
    - Evitar utilizar datas de aniversários;
    - Evitar utilizar datas de aniversários invertidas;
    - Evitar utilizar palavras simples do dicionário;
    - Evitar utilizar números sequenciais, tipo 123456, ou 654321;
    - Sabe-se que a palavra frágil para senha mais utilizada no mundo é "Senha". Os hackers sabem disso! Então, jamais utilize a palavra "senha" para ser a senha de qualquer sistema.

- Utilizar criptografia segura no trafego de dados;
- Manter sigilo de documentos importantes e armazenados digitalmente, limitando o acesso a este local.

Capítulo 4

Conceitos de Segurança da Informação

Para que um sistema tenha segurança em suas informações, ele deve atender a alguns conceitos, que irão contribuir para que os dados estejam sempre disponíveis a seus legítimos usuários.

Quando falo de dados disponíveis, é porque, dependendo do transtorno que ocorrer por causa da falta de implementação de segurança, os sistemas podem ficar "fora do ar" por horas, ou até mesmo, dependendo do caso, por dias. E não é preciso dizer que isso causa inúmeros prejuízos financeiros à empresa e seus clientes, e isso pode até fechar negócios.

É para evitar esses problemas que são **definidos** os Conceitos de Segurança da Informação. Esses conceitos têm a **finalidade de ajudar** no controle da informação, prevenindo falhas que podem comprometer os dados de um sistema.

Veja os principais conceitos relacionados à Segurança da Informação:

- Integridade;
- Restrição;
- Registro;
- Confidencialidade;
- Disponibilidade.

38 • Segurança da Informação - Ameaças e Controles

Seguindo esses conceitos, fica mais fácil saber o que é preciso fazer, onde falta uma ação, e para onde devemos ir, para se atingir o nível mais elevado de cada um deles.

Quanto mais conhecimento um indivíduo ou empresa tiver sobre cada um desses conceitos, melhor posicionado estará em seu nível em Segurança da Informação.

Vamos então analisar cada um desses conceitos.

4.1 - Integridade

A Integridade da Informação é o principal quesito na Segurança da Informação. Os dados precisam estar corretos e completos, pois caso isso não ocorra, o banco de dados poderá estar inutilizado, pois quem iria confiar em uma informação incompleta?

Não há nada mais inverso à credibilidade quanto uma informação incorreta. Isso supõe que o sistema está mal operado, ou operado de forma irresponsável, mesmo que isso não seja a realidade daquela empresa. Ocorre naturalmente, pois todos nós, de forma consciente ou inconsciente, esperamos sempre informações corretas e verdadeiras.

Para que a integridade na informação ocorra, é necessário impedir a perda de dados. Perdas de dados, mesmo que sutil, podem deixar sistemas com dados não confiáveis, e isso já é o bastante para se necessitar de uma profunda revisão nos dados, o que pode levar muito tempo e provocar muitos custos. Sem falar que, em alguns casos, a solução não será possível. Seria realmente uma catástrofe!

Em bancos de dados relacionais, e muitos o são, a perda de um simples registro pode afetar inúmeros outros registros. Isso nos diz que, um simples defeito em um disco rígido pode comprometer um banco de dados inteiro.

Capítulo 4 Conceitos de Segurança da Informação • 39

Por essas e outras razões, manter dados em equipamentos com bom estado de conservação, e bem cuidados, é mais do que necessário. Eu digo bem cuidados porque nada adiantaria ligar equipamentos novos, sem falhas, em uma rede elétrica oscilante, desestabilizada e sem proteção. Neste caso, seria uma questão de tempo, para as falhas voltarem a acontecer.

Manter os dados de acordo com o que foi registrado originalmente é uma missão da empresa ou pessoa detentora desses registros.

Devem-se criar meios para impedir que dados sejam alterados fora do sistema, ou manipulados de forma ilegítima.

Estas ações irão contribuir muito para a integridade dos dados em cada sistema de informação.

4.2 - Restrição

Sistemas de informação possuem informações dos mais variados tipos em seu banco de dados. Essas informações, normalmente, estão disponíveis a grupos de usuários diferentes. A disponibilidade das mesmas também deve estar de acordo com cada um desses grupos.

Seja sistema operacional, software de gerenciamento de banco de dados ou ERP (Enterprise Resource Planning), devem restringir as informações ao grupo de usuários a quem elas pertencem ou para quem elas são destinadas.

Os bancos de dados atuais devem possuir uma política de acesso controlado por senhas seguras, onde informações importantes devam estar restritas a um pequeno número de usuários, e nunca além disso. Por isso, o acesso aos dados sempre deve ser gerenciado pela empresa.

40 • Segurança da Informação - Ameaças e Controles

A restrição nas informações garante que o sistema esteja disponível a seus usuários e não possua nenhum tipo de risco em relação a vazamento de informação a pessoas não autorizadas.

Informações disponíveis na Internet devem possuir um controle rigoroso e não se devem disponibilizar dados que não são de extrema importância para os usuários do sistema.

Antes de implementar uma aplicação Web, a diretoria de uma empresa precisa definir bem o que deve, e precisa realmente, ir para lá, sabendo que, se houver uma falha de segurança, essa falha poderá ser explorada. Em outras palavras, tratando-se de dados públicos, quanto menos, melhor.

Restringir o acesso aos dados, de acordo com as necessidades de cada operação no sistema, contribui para que informações sejam destinadas a seus respectivos usuários, e nada além disso.

4.3 - Registro

Uma maneira muito eficaz de contribuir para a segurança em sistemas de informação é registrar todas as operações que são realizadas pelos usuários do sistema. O simples fato de o sistema registrar as operações, já inibe má conduta por parte de maus operadores do sistema, visto que em um sistema com muitos usuários, pode existir um ou outro de má índole.

Os registros das operações no sistema permitem que no futuro, um rastreamento, ou auditoria no sistema, possa identificar quem realizou tal operação. Se algo estiver errado, o responsável será facilmente identificado. Mas isso ainda não quer dizer que o usuário proprietário daquele login e senha tenha sido o operador do sistema naquele momento, visto que senhas podem ser roubadas, ou simplesmente copiadas por "olhos grandes" sobre os teclados dos computadores... Mas, já é um início para a auditoria e investigação.

Capítulo 4 Conceitos de Segurança da Informação • 41

O registro permite que sistemas sejam melhorados a cada dia no quesito segurança, permitindo assim que as possíveis falhas de segurança sejam eliminadas e evitando que falhas possam se repetir, pois ele cria um verdadeiro histórico de operações no sistema.

O gerenciamento das operações efetuado no sistema permite maior controle dos administradores do sistema, garantindo assim que a pessoa certa seja cobrada em caso de falhas de segurança. Mas, a principal finalidade do registro não é a cobrança, mas sim, a correção da possível falha e a prevenção de futuras falhas de segurança.

Registros funcionam como históricos e devem ser preservados também. Criar uma política para registrar as operações e manter a segurança destes registros, também é muito importante. Com o desenvolvimento de sistemas em camadas, isso fica fácil de ser resolvido, pois podemos facilmente registrar as operações em um computador geograficamente distante (remoto) ao local onde se encontra o banco de dados, restringindo o seu acesso e de preferência o conhecimento de sua existência por parte dos usuários do sistema.

Defino então o nome *Software Monitor*, para este tipo de aplicativo, capaz de registrar operações realizadas em sistemas de informação.

4.4 - Confidencialidade

A confidencialidade é o conceito que contribui para que os dados do sistema estejam disponíveis somente às pessoas autorizadas. Quanto menos uma informação estiver visível a grupos de usuários variados na rede, mesmo que desabilitada, menos será a chance de informações serem adquiridas indevidamente.

A melhor forma de impedir que uma informação seja adquirida por pessoas não autorizadas é primeiramente evitar que tais pessoas saibam que essa informação existe. Digamos que seja a primeira linha de defesa, e quando for possível aplicá-la, que seja feita sempre.

A confidencialidade é um dos principais fatores de segurança, pois só o fato de uma informação não estar disponível, já se tem segurança, pois ninguém procura o que para elas não existe.

É sempre bom que sistemas tenham este mecanismo de controle, e que sejam utilizados para garantir que grupos de usuários só tenham acesso aos dados se for realmente necessário. E quando uma informação não for necessária para aquele grupo de usuários, não precisa ter menu no sistema mostrando que algo está lá, e que só não é possível naquele momento ser acessado.

Veja um exemplo na figura 4.1, onde um sistema mostra todos os módulos para todos os usuários, somente desabilitando e não escondendo aqueles módulos que não pertencem àquele respectivo grupo de acesso.

Esta é uma prática que não atende às necessidades de confidencialidade, pois fica mostrando que existem recursos de acesso não autorizado, o que pode acabar despertando curiosidades em pessoas menos focadas às suas respectivas tarefas.

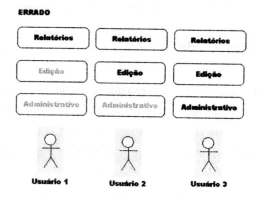

Figura 4.1 - Requisitos de confidencialidade não atendidos

Capítulo 4 Conceitos de Segurança da Informação • **43**

Já na figura 4.2, os recursos de confidencialidade são plenamente atendidos, pois só mostra os módulos autorizados aos respectivos grupos de usuários. Veja a seguir:

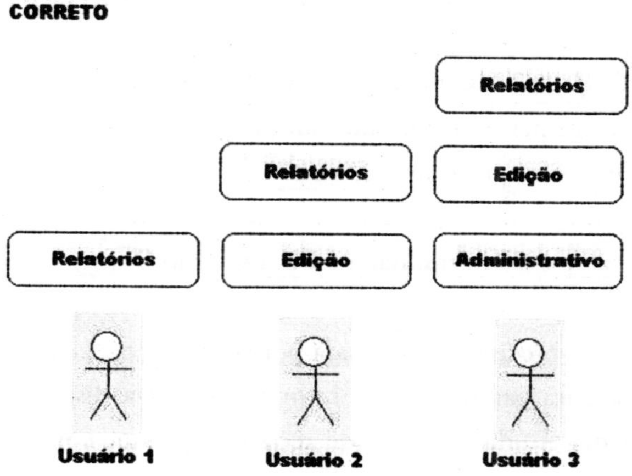

CORRETO

Figura 4.2 - Requisitos de confidencialidade atendidos

4.5 - Disponibilidade

Manter a informação disponível será sempre necessário para garantir a eficácia e eficiência do sistema. Esta informação precisa estar disponível a seus legítimos grupos de usuários.

Os sistemas podem possuir um controle capaz de recuperar backups sempre que for necessário, de forma rápida e que não irá afetar o funcionamento do sistema por grandes períodos de tempo.

Uma informação não disponível não tem utilidade alguma, visto que a função dos sistemas é garantir e disponibilizar informações de forma automática.

Imagina se para voltar um backup dependesse somente do diretor da empresa. E se ele estiver no exterior, a negócios? O sistema, ou melhor, a empresa e seus clien-

44 • Segurança da Informação - Ameaças e Controles

tes, esperariam até a semana que vem? Uma operação crítica como essa não pode ser aplicada por qualquer usuário do sistema, mas é bom que tenha um grupo de administradores capazes de realizar tal operação, com eficácia e segurança.

Você se deparará algum dia com empresas onde os servidores de banco de dados ficarão desligados em períodos fora do horário comercial. E não será por economia de energia, mas sim, por cisma mesmo.

Se um servidor não for 24 horas, não será um servidor!

Esta disponibilidade precisa ser garantida por equipes de segurança, com os controles necessários para garantir que a informação esteja disponível sempre que precisar, sem ter que mudar horários de acesso, exigir que colaboradores fiquem até 22 horas em um dia, ou exigir que estejam lá às 6 horas em outro, só para ligar e desligar um servidor de banco de dados. Nada justifica isso.

Estes conceitos de segurança da informação são úteis para que possamos analisar os nossos sistemas e definir se eles atendem aos quesitos aqui apresentados.

Para atender a esses conceitos, vamos, então, estudar mais adiante neste livro os controles que podem ser implantados para atingir o objetivo de chegar a sistemas cada vez mais seguros.

Capítulo 4 Conceitos de Segurança da Informação • **45**

Resumo do Capítulo

- Para que um sistema tenha segurança em suas informações, ele deve atender a alguns conceitos, que irão contribuir para que os dados estejam sempre disponíveis a seus legítimos usuários. Estes princípios são: Integridade; Restrição; Registro; Confidencialidade; Disponibilidade.

- A Integridade da Informação é o principal quesito na Segurança da Informação. Os dados precisam estar corretos e completos, pois caso isso não ocorra, o banco de dados poderá ficar inutilizado.

- Os bancos de dados atuais devem possuir uma política de acesso controlado por senhas seguras, onde informações importantes devam estar restritas a um pequeno número de usuários, e nunca além disso.

- Uma maneira muito eficaz de contribuir para a segurança em sistemas de informação é registrar todas as operações que são realizadas pelos usuários do sistema. O simples fato de o sistema registrar as operações, já inibe a má conduta por parte de maus operadores do sistema, visto que em um sistema com muitos usuários, pode existir um ou outro de má índole.

- A confidencialidade é o conceito que contribui para que os dados do sistema estejam disponíveis somente às pessoas autorizadas. Quanto menos uma informação estiver visível a grupos de usuários variados na rede, mesmo que desabilitada, menos será a chance de informações serem adquiridas indevidamente. A melhor forma de impedir que uma informação seja adquirida por pessoas não autorizadas, é primeiramente evitar que tais pessoas saibam que essa informação existe.

- Manter a informação disponível será sempre necessário para garantir a eficácia e eficiência do sistema. Esta informação precisa estar disponível a seus legítimos grupos de usuários. Uma informação não disponível não tem utilidade alguma, visto que a função dos sistemas é garantir e disponibilizar informações de forma automática. Esta disponibilidade precisa ser garantida por equipes de segurança, com os controles necessários para garantir que a informação esteja disponível sempre que precisar, sem ter que mudar horários de acesso, exigir que colaboradores fiquem até às 22 horas em um dia, ou exigir que estejam lá às 6 horas em outro, só para ligar e desligar um servidor de banco de dados.

Capítulo 5

Controles de Segurança da Informação

Os controles na segurança da informação são mecanismos e estratégias tomadas para atingir a melhor segurança em sistemas de informação.

Estes controles são vários, e para que um sistema possa estar protegido, será necessário implantar um conjunto de atividades.

Existem dois grupos de controles a saber:

- Controles físicos;
- Controles lógicos.

Os controles físicos são estratégias tomadas para garantir que o acesso ao ambiente do sistema seja acessado apenas por pessoas autorizadas. A função é garantir a integridade deste local contra qualquer tipo de imprevisto que venha comprometer a integridade do sistema, como, um incêndio, roubo de equipamento, entre outros.

Os controles lógicos são estratégias e uso de ferramentas eletrônicas e softwares utilizados para impedir o acesso ao sistema por pessoas que não têm autorização para este acesso.

Manter um bom controle físico e lógico nos sistemas é a missão da equipe de segurança em sistemas de informação. Não adianta manter um controle físico

48 • Segurança da Informação - Ameaças e Controles

e esquecer o controle lógico e vice-versa. Se um deles falhar, grandes problemas poderão ocorrer.

É preciso manter sistemas seguros em todos os aspectos, assim poderemos ter confiança nos dados que neles estarão armazenados.

Os mecanismos de segurança física e lógica são muitos. Estarei abordando sobre esses mecanismos com detalhes, mais adiante.

5.1 - Controles Físicos

- Controle de acesso local;
- Para-raios;
- Estabilizadores elétricos;
- Filtros elétricos;
- Nobreaks;
- Aterramentos;
- Backup na Nuvem.

5.2 - Controles Lógicos

- Backups;
- Senhas e gerenciamento de senhas;
- Criptografia;
- Controle rigoroso de acesso remoto;
- Controle de tráfego na rede;
- Limitando informações disponíveis na rede;
- Servidores Proxy e Firewalls;
- Honeypots e Honeynets;
- Antivírus e Antispyware;
- Antirootkit;

Capítulo 5 Controles de Segurança da Informação • 49

- Antispam;
- Web Shield;
- Linkscanner;
- Segurança em camadas do modelo OSI;
- Segurança em redes Wireless.

Logo a seguir, veremos as ameaças hacker, e depois, veremos os meios de implementar as seguranças físicas e lógicas em sistemas de informação.

Resumo do Capítulo

- Os controles na segurança da informação são mecanismos e estratégias tomadas para atingir a melhor segurança em sistemas de informação. Eles estão divididos em controles físicos e lógicos.
- Os controles físicos são estratégias tomadas para garantir que o acesso ao ambiente do sistema seja acessado apenas por pessoas autorizadas. A função é garantir a integridade deste local contra qualquer tipo de imprevisto que venha comprometer a integridade do sistema, como um incêndio, roubo de equipamento, entre outros.
- Os controles lógicos são estratégias e uso de ferramentas eletrônicas e softwares utilizados para impedir o acesso ao sistema por pessoas que não têm autorização para este acesso.
- Manter um bom controle físico e lógico nos sistemas é a missão da equipe de segurança em sistemas de informação. Não adianta manter um controle físico e esquecer o controle lógico e vice-versa. Se um deles falhar, grandes problemas poderão ocorrer.

Capítulo 6

Ameaças Hacker

6.1 - Malware

O malware é um termo destinado ao tipo de software capaz de infectar computadores com o objetivo de buscar alguma vantagem ou causar danos.

Inicialmente, foram criados com o fim de causar danos. Ultimamente, este tipo de software tem mudado o seu objetivo, e foi ao longo do tempo, passando de destruidor de informações para coletor de informações.

O termo malware é uma abreviatura da frase "software malicioso", cujo código possui linhas capazes de infectar arquivos do sistema e buscar informações do computador para enviar a seus proprietários, que na maioria das vezes, não são necessariamente aqueles que construíram o malware, mas aqueles que tentam de alguma forma, adquirir vantagens com este tipo de software.

Baixar arquivos da Internet, de sites que não têm "nome a zelar", ou seja, aqueles que não são conhecidos pelas comunidades da rede, podem comprometer o seu sistema.

Alguns sites até têm grandes serviços na Web, mas se não tiverem um controle de qualidade em seus downloads, acabará se tornando um verdadeiro perigo para os seus visitantes.

Dependendo do local de onde esses arquivos forem baixados, normalmente em sites amadores de entretenimento, e desconhecidos, haverá um grande risco destes arquivos trazerem um malware, ou vários deles, embutidos em sua compactação ou arquivos executáveis.

Para quem não tem muita experiência com sistemas, um computador poderá ficar infectado com um ou vários malwares, por dias, meses, sem que sejam detectados. A questão é que muitos destes softwares são "silenciosos" e atualmente estão infectando processos legítimos do sistema operacional, dificultando a proteção via firewall e a detecção desses malwares por antivírus que não possuem recursos para tal.

Qualquer tipo de software malicioso pode ser enquadrado como um malware, os mais comuns são:

Vírus:
Espalha-se em vários processos do sistema, além de infectar, de forma muito rápida e eficiente, outros computadores que estiverem conectados à rede. Este é o mais antigo dos malwares, e pode ter vários objetivos, desde escrever palavrões na tela do computador, colocar um ícone do pac-man na tela limpando as informações nela contida, criptografar dados para cobrança de resgates, destruir arquivos, ou até mesmo, formatar o seu computador para simplesmente eliminar toda a informação contida nele.

Trojan:
Software espião, antigamente conhecido como "cavalo de troia". Ele tem esse nome porque nunca aparece sozinho. Este malware sempre vem em conjunto com pacotes de outros arquivos, ou embutido em algum executável legítimo de sistema. Ele vasculha o computador inteiro, em busca de informações sigilosas, como senhas e números de cartões de crédito, além de "bisbilhotar" entradas de caracteres pelo teclado e enviar para um hacker pela Internet. Este tipo de malware é um dos mais temidos do mundo, porque é utilizado por hackers que têm a intenção de causar algum dano financeiro ao dono do computador infectado.

Backdoor:

Não menos temido que os anteriores, este malware geralmente abre uma porta no sistema, explorando falhas em softwares desatualizados e vulneráveis. Ao abrir uma porta no sistema, ele permite que o invasor entre, e controle o sistema, remotamente. Este é o tipo de malware que os hackers experientes utilizam para operar máquinas (computadores) de inocentes infectados, para cometer crimes pela Internet, e se livrar dos rastros de tais operações. É, sem dúvida, um dos malwares mais perigosos que existe.

Spyware:

O menos ofensivo entre os anteriores, mas também pode ser prejudicial. É um software espião, que envia informações confidenciais a empresas detentoras de software comercial.

Existem outros mecanismos que são utilizados para que um malware seja instalado em seu computador, como scripts que são executados via links de Internet, que são recebidos via e-mail, normalmente utilizando nomes de empresas sérias, para induzir o usuário a abrir o link, para que o malware seja então instalado no computador. Estes detalhes serão vistos mais adiante.

Para que um computador sofra dano por um malware, será necessário que este software malicioso seja instalado na máquina. Uma vez instalado, este software será executado automaticamente e buscará informações do computador e armazenará para posteriormente enviar a um hacker pela Internet.

Caso um computador seja utilizado para efetuar operações bancárias e for infectado por um malware, o usuário deste computador estará em risco e poderá sofrer algum tipo de prejuízo, seja por cartão de crédito ou por conta bancária.

Manter um sistema operacional legítimo, para manter atualizações diárias e possuir um pacote de proteção (antivírus) contra estes softwares maliciosos, é uma necessidade constante nos dias atuais, visto que somente isso ainda não é o bastante, pois os hábitos também devem ser controlados, por exemplo, manter um acesso apenas a sites altamente confiáveis.

Veja na figura a seguir, uma maneira comum de infectar um computador com um malware:

Figura 6.1 - Maneira simples de infectar um computador com um malware

A figura 6.1 mostra um típico e-mail falso. O endereço de e-mail do remetente normalmente não se refere à empresa, mas a outros endereços com nomes parecidos, que tem a função de enganar a vítima, que pode achar ser um e-mail legítimo da empresa em questão. Em outras palavras, este e-mail não é da empresa, eles normalmente vêm de outro lugar.

Grandes empresas podem ter seus nomes utilizados indevidamente por pessoas não autorizadas, e outras pessoas comuns são vitimas deste tipo de atividade, que só tem aumentado pela Internet.

Para não instalar um malware em seu computador, é bom observar estes detalhes e a barra de status do navegador, antes de clicar em um link pela rede mundial, na dúvida, é melhor não clicar no tão famoso "clique aqui...".

Observação Importante:
Nas figuras apresentadas neste livro, em algum momento, se o mouse aparecer posicionado sobre o link, isto ocorrerá somente para demonstrar, na barra de status do navegador, a origem do link.

Se e-mails suspeitos chegam em sua caixa de entrada, eles devem ser denunciados como spam, e seus links, não devem ser acessados.

Alguns nomes e endereços foram retirados dos e-mails nas figuras apresentadas nesta obra, para simples ilustração.

6.2 - Vírus

O vírus de computador, a partir de agora, denominado aqui somente de vírus, é o malware mais antigo entre todos os malwares. Esses vírus têm uma característica clássica de se replicar e infectar o máximo de computadores possíveis.

Um vírus de computador, normalmente se acopla em outros arquivos executáveis, chamados hospedeiros, ele precisa desses arquivos para se replicar e se propagar.

Os primeiros vírus de computador se propagavam por meios magnéticos, apenas. Atualmente, com os sistemas ligados em redes, esta propagação se tornou mais rápida e abrangente.

Por outro lado, os meios utilizados para o combate aos vírus, também se aperfeiçoou, visto que um melhor conhecimento sobre a existência de vírus de computador, também gera ferramentas de combate mais rápidas e eficazes.

Normalmente, os diagnósticos de combate a vírus não se aplicam a um vírus específico, mas sim, a vários deles, pois os mecanismos que compõem os vírus, podem ser muito parecidos entre eles. Uma vez criada uma ferramenta para impedir a ação de um vírus, normalmente na fonte do problema, vários outros vírus da mesma categoria serão também eliminados.

Os vírus são criados para os mais variados males, entre eles: roubo de informações, destruição de dados, construção de dados estatísticos ilegais, diversão de seus criadores, entre outras coisas.

Para manter o computador livre de vírus, a primeira coisa a realizar é adquirir um bom software antivírus.

O sistema operacional também tem um papel fundamental para garantir a integridade dele mesmo, e de todos os outros softwares nele instalados. O segundo passo é ter um sistema operacional atualizado. A maioria dos vírus utiliza brechas ou falhas na arquitetura do sistema operacional para realizar suas façanhas, por isso, empresas fabricantes de softwares operacionais disponibilizam constantemente atualizações para seus sistemas, normalmente incluindo correções de falhas de segurança.

Sistemas recém-lançados não têm todas as previsões e prevenções sobre possíveis falhas de segurança, visto que sistemas são complexos e interagem muito com aplicativos de terceiros. Um software operacional, para estar pronto para uso, necessita de meses de testes. E mesmo após meses de testes não será possível saber se todas as situações possíveis foram testadas.

Por isso, um sistema operacional muito recente, pode ter falhas e precisa constantemente ser atualizado.

Manter um sistema operacional original em um computador devidamente registrado é muito importante para realizar updates deste sistema constantemente, visto que as atualizações estão disponíveis apenas a usuários registrados. Também é tão importe quanto manter um software antivírus atualizado no seu computador.

Os vírus podem trafegar muito rapidamente pela Internet, e por isso devemos ter cuidado com o que baixamos em nossos computadores, além de manter os sistemas operacionais e softwares de antivírus atualizados diariamente.

6.3 - Spam

Quando a Internet se popularizou, muitos provedores perceberam que era muito vantajoso oferecer espaços em seus servidores, para envio e recebimento de mensagens gratuitamente. Este tipo de serviço ganhou o nome de e-mail. Isto gerou uma explosão de acessos em seus sites, os quais tinham como objetivo principal a venda de produtos e serviços de publicidade.

Com tantas pessoas navegando na Internet, o tráfego na rede mundial de computadores é garantido, não somente por isso, mas por inúmeros outros serviços que esta rede oferece hoje.

Os e-mails são indispensáveis para a maioria das pessoas que acessam a Internet. De olho na quantidade de e-mails que atualmente trafegam na rede, não é de se assustar que pessoas queiram se aproveitar disso para tentar promover seus produtos.

Antes da Internet, caso uma empresa decidisse promover alguns de seus produtos, ela deveria escolher endereços, e enviar folders, normalmente via correio. Isso gerava um bom custo, mas esse serviço era realmente comum. Este tipo de serviço era conhecido como mala direta, que ainda hoje funciona muito bem e traz um resultado satisfatório, mesmo com o uso extensivo dos e-mails.

Enviar mala direta via Internet é muito mais fácil e de custo praticamente zero, visto que o folder eletrônico pode se propagar em frações de segundos pela grande rede. Mas isso, feito aleatoriamente, e para endereços eletrônicos que não são de seus clientes, pode gerar denúncias de spam.

Enviar uma publicidade via correio eletrônico não é crime, desde que seja feito com cautela e dentro das leis vigentes e somente para sua lista de clientes reais específicos.

Spam é qualquer mensagem enviada em massa, via correio eletrônico, sem a autorização de seus receptores. O grande problema é a forma com que esta tarefa é feita, pois são criados softwares capazes de pegar listas de endereços de e-mails em servidores de e-mails na rede, que como podemos ver, é um ato criminoso, e dificilmente seria obtido sem a utilização de algum vírus ou outro tipo de malware.

Enviar folder via correio eletrônico é uma atividade permitida desde que este folder seja autorizado pelo receptor da mensagem, mesmo assim, cada mensagem deve possuir um mecanismo de controle com links para cancelar o recebimento destes e-mails definitivamente, caso a pessoa que o recebeu, queira cancelar o seu recebimento. Porém, cuidado, pois e-mails falsos costumam ter links para descadastrar o recebimento dos e-mails, mas na verdade o que fazem é baixar um vírus. O mais indicado é denunciar o spam, caso você receba algum e-mail vindo de endereço suspeito!

Podemos então observar que para uma empresa enviar publicidades via correio eletrônico, ela deve, no mínimo, possuir um sistema de controle para tal, além de efetuar esta atividade com ética e responsabilidade com os seus clientes.

Softwares que pegam listas de endereços de e-mails aleatórios na Internet são considerados softwares spammers, e eles não estão na lista dos mais conceituados softwares.

Os autores destas mensagens são considerados spammers e os produtos dessas empresas que utilizam deste serviço podem até perder a credibilidade no mercado, exclusivamente pelo ato de spamming, que é e sempre será mal visto por empresas e clientes.

Os provedores de Internet são preparados para barrar este tipo de software, pois possuem um sistema para impedir que estas mensagens cheguem até seu destino. Basta que receptores denunciem para que esses e-mails parem de chegar na caixa de entrada dos e-mails. Por isso, é sempre importante denunciar um spam, quando ele chegar até sua caixa de entrada, sendo de uma origem não conhecida.

Atualmente, existem servidores clandestinos especializados em enviar spam. Eles trocam o nome do serviço, e a faixa de IPs a cada hora, para burlar os filtros antispam da Internet. Mas a denúncia de spam continua válida, para continuar combatendo essa proliferação de mensagens, que muitas das vezes, chegam de empresas de outros países, regiões em que você nem sabe de onde é.

Veja na figura 6.2, uma lista de spams detectados pelo provedor. Normalmente estas mensagens são denunciadas por usuários, ou detectadas por filtros antispam, então, são enviadas diretamente para a caixa de spams.

60 • Segurança da Informação - Ameaças e Controles

Figura 6.2 – Lista de spam em uma caixa de mensagens

Caso você receba alguma mensagem que não é do seu conhecimento e que não tenha mecanismo (link) confiável, para cancelar automaticamente o recebimento desta mensagem, clique na opção de "denunciar spam" do seu provedor.

Veja na figura 6.3, um típico spam, que já se encontra na caixa de spams:

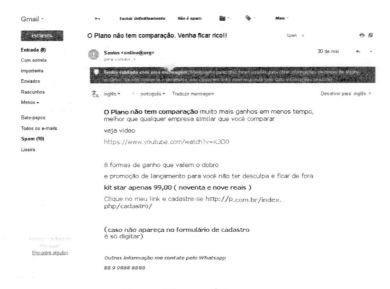

Figura 6.3 - Um típico spam

6.4 - Rootkit

O rootkit é um tipo de vírus que possui a capacidade de camuflagem mais avançada, para enganar o software antivírus.

Remover um rootkit de um computador realmente é muito difícil, pois ele acumula características dos mais perigosos e abomináveis malwares, que são os vírus, trojans e ainda com características de camuflagem.

Um rootkit funciona da seguinte forma: infecta processos do sistema operacional, filtrando listas de arquivos e códigos de processos infectados. Fazendo isto, ele impede que os softwares antivírus encontrem os arquivos infectados com o vírus, e quando for solicitado o código do arquivo ao sistema, ele estará pronto para filtrar a informação, removendo o código de vírus e impedindo que o software antivírus o remova da lista de processos do sistema operacional.

Estar com um rootkit no computador é estar com um conjunto de softwares maliciosos, com características para assumir o poder total da máquina. Um antivírus simples pode não conseguir remover este tipo de vírus, por isso, deve-se adquirir um software com capacidade para encontrar este tipo de malware e removê-lo do computador.

As empresas que fornecem software antivírus estão aumentando os esforços para desinfectar um computador com rootkits. Muitos softwares antivírus já possuem ferramentas para remover rootkits do computador, mas essas ferramentas normalmente devem ser antes habilitadas na área de configuração.

Veja na figura 6.4, uma mensagem comum em um computador infectado com um rootkit.

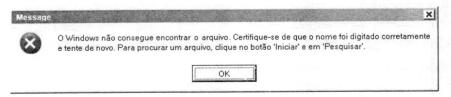

Figura 6.4 – Mensagem gerada por um rootkit

O rootkit alterou arquivos legítimos do sistema, e arquivos que deveriam estar na pasta do sistema operacional foram removidos da lista. Mas eles existem e estão realmente lá, só que infectados pelo rootkit.

Os rootkits têm o costume de retornar mensagens de arquivos inexistentes, quando se tenta fazer acesso a arquivos do trojan. Eles infectam os registros do sistema e escondem suas entradas para dificultar sua remoção, além de esconder seus processos.

Rootkits são tipos de malwares muito bem elaborados. Digamos que seja um tipo de "esquadrão de combate", onde vários malwares trabalham em conjunto para atacar e se defender. Quando um computador é infectado, eles ficam realmente difíceis de combater, se você não tiver as ferramentas necessárias.

É muito comum pegar este tipo de vírus em computadores compartilhados, aqueles do tipo público. Os pen drives são os dispositivos que mais carregam esse tipo de vírus, e são os preferidos deles. Se um rootkit detectar um pen drive conectado no computador infectado, ele vai automaticamente se instalar neste dispositivo.

Veja as características que os rootkits acumulam em sua bagagem:

- Infector;
- Espião;
- Camuflador;
- Controlador.

Capítulo 6 Ameaças Hacker • **63**

Isso é realmente muita coisa para um código de software malicioso só!

Manter um bom software antirootkit instalado e atualizado diariamente no computador é o mínimo que devemos fazer para impedir que uma infecção por rootkits aconteça.

Tenha a certeza de que a prevenção te dará bem menos dor de cabeça!
Mais adiante, veremos as opções atuais de mercado para nos prevenir contra este tipo de malware.

6.5 - Spyware

Assim como os trojans, os spywares podem causar prejuízos de mil ou milhões.

Spy, que significa espião, já identifica bem o que este malware faz. Um spyware é capaz de espionar o computador em busca de informações, que irão dar lucros ilegais para seus utilizadores, e prejuízos reais, para as vitimas deles.

Os programas espiões funcionam de forma silenciosa no computador, em busca de senhas e números de cartões de créditos. Documentos também são alvos destes softwares, capazes de enviar informações para seus utilizadores, que irão, na maioria das vezes, fazer mau uso dessas informações.

A proposta inicial dos spywares era roubar informações de costumes dos usuários pela navegação na Web, mas estes aplicativos foram rapidamente incluídos na lista de vírus de computador, pois os hackers estavam transformando-os em espiões com capacidade devastadora de espionagem, tanto quanto, os seus primos trojans (cavalos de troia).

O roubo de senhas e números de cartões de créditos já são um dos golpes mais praticados pelos utilizadores destes aplicativos maliciosos, que agora está na família dos trojans.

Atualmente, algumas empresas podem ter spywares embutidos em seus softwares, não com o intuito de roubar senhas ou números de cartões de crédito, mas sim, de adquirir informações que são de seus interesses comerciais, para venda de informações ou de estratégias de mercado, visto que uma vez conhecendo os interesses dos usuários da Internet, será muito fácil lançar um produto líder de mercado.

Os spywares que possuem a função de enviar informações de navegação pela Internet, não são tão perigosos, o problema é que estes softwares estão agora embutidos em vírus e que possuem interesses muito ruins para os usuários de sistemas, como a captura de senhas e dados pessoais.

Um usuário de Internet que acessa variados tipos de sites, e que não possui um firewall, antivírus, antispyware, antirootkit entre outras ferramentas de proteção, está fatalmente sujeito a ter problemas com roubo de senhas em seu computador.

6.6.- Trojan

Esse termo é um dos mais conhecidos entre os usuários de sistemas, isso porque é uma das gerações de malware mais temida pelos usuários, pois podem gerar prejuízos de mil, milhões, ou mais.

Trojan é um tipo de software espião, e está entre os malwares mais temidos entre todas as gerações. Este malware é capaz de capturar informações de contas bancárias dos usuários que têm o costume de acessar a Internet para efetuar operações bancárias, além de capturar senhas digitadas no teclado.

Não é à toa que instituições financeiras normalmente utilizam outros meios para acesso de contas bancárias além do número e a senha da conta, como exemplo podemos citar o uso de cartões de dígitos, senhas de letras, ou acesso via certificação digital. Só o uso de logins e senhas, já faz tempo que não é mais seguro.

Apesar de ser um malware temido, o trojan é um software simples, que possui dois núcleos a saber:

- Cliente: software administrador que fica na máquina do hacker.
- Servidor: que fica na máquina da vítima. Este servidor é o software responsável em abrir portas de comunicação com a máquina cliente.

Esta é a arquitetura básica dos trojans, mas é de conhecimento que os hackers normalmente não utilizam seus próprios computadores como cliente, pois preferem infectar outros computadores na rede para exercer essa função, pensando eles, que assim, sua localização ficará anônima. Mas essa camuflagem nem sempre é completa.

Trojans são malwares capazes de explorar a inexperiência de suas vítimas, capturando suas senhas e enviando-as aos utilizadores destes aplicativos. Muitos daqueles que utilizam trojans na Internet são pessoas inexperientes no mundo da computação, entusiastas que sempre deixam rastros por onde passam, mesmo pensando estar utilizando meios de burlar a grande rede, e por muitas vezes, acabam por utilizar serviços capazes de os identificar.

O funcionamento básico de um trojan é o seguinte:

1. Instala o núcleo servidor no computador da vítima;
2. Núcleo servidor, disfarçado de um programa legítimo do sistema, abre uma porta de comunicação com o núcleo cliente;
3. Núcleo servidor captura senhas digitadas no computador da vítima;
4. Núcleo servidor envia as senhas para o núcleo cliente (administrador);
5. Em alguns casos, o núcleo servidor se autodestrói, após enviar as informações para o computador cliente, para que a vítima nunca tenha conhecimento do ocorrido, antes que o rombo seja aplicado em suas contas bancárias.

Caso um trojan for instalado em um computador que movimenta contas bancárias pela Internet, e caso ele consiga efetuar todas as suas operações com total sucesso, provavelmente a vítima deste malware se deparará com compras e saques indevidos pela Internet, entre outras coisas capazes de te tirar dinheiro e roubar muitas noites de sono.

Os trojans, normalmente, não são softwares que se reproduzem como os vírus, mas quando são instalados e efetuam suas operações com sucesso podem causar um grandioso e tedioso problema.

E ainda para completar, os trojans normalmente não "andam" sozinhos! Existem dois malwares aliados eternos dos trojans, e estão relacionados a seguir:

- Keyloggers;
- Backdoors.

Não se iluda com esses nomes bonitinhos... Esta dupla é realmente capaz de lhe tirar o sono. Vamos ver, a seguir, as ações de cada um deles.

6.7 - Keylogger

Keyloggers são softwares capazes de capturar tudo o que o usuário digita no teclado, e registrar estes dados para enviar a um hacker.

Estes programas registram tudo o que é digitado no teclado do computador em que este malware estiver instalado. É uma espécie de "escuta", capaz de identificar, por exemplo, logins e senhas digitadas pelo usuário.

Estes malwares, inicialmente, tinham a função de enviar os dados capturados do teclado do usuário diretamente para contas de e-mails dos hackers, pela Internet. Mas também existe a possibilidade de um keylogger estar rodando em conjunto com um aplicativo mais sofisticado. Atualmente, a segunda forma é a mais utilizada.

Quando um keylogger roda em conjunto com um aplicativo, dizemos que este aplicativo é o cliente deste keylogger. Este aplicativo recebe os dados digitados pelo usuário do computador infectado, filtra, e envia-os para um hacker.

Keyloggers possuem um núcleo servidor, que é o princípio básico do funcionamento dos trojans.

É possível que um hacker prefira utilizar um keylogger, em vez de um trojan, pois os keyloggers utilizam meios mais "artificiais" para realizar a sua tarefa.

Enquanto um trojan, geralmente, é identificado mais facilmente por um software antivírus, um keylogger, algumas vezes, pode conseguir burlar os meios de segurança por ser um aplicativo que utiliza ferramentas menos sofisticadas.

Há muitas ferramentas antimalwares, que integram com os navegadores de Internet para identificar se o usuário está acessando uma aplicação de Internet que possui em seu código, algum keylogger ou outro malware embutido. Essas ferramentas são criadas exclusivamente para nos dar mais segurança ao navegar pela Internet.

Também existem robôs rodando 24 horas por dia na Internet implementados pelos mecanismos de buscas, para identificar e descredenciar sites que possam causar algum prejuízo aos seus usuários.

6.8 - Backdoor

Backdoor é um tipo de malware capaz de abrir portas no sistema, para que sejam utilizadas por alguém, em algum lugar remoto, na rede.

68 • Segurança da Informação - Ameaças e Controles

Como o nome diz, é uma espécie de "porta dos fundos".

Esta porta será utilizada por um malware para permitir e garantir o acesso remoto, que podemos chamar basicamente de "invasão hacker".

Quando você ouvir alguém dizer que houve "invasão hacker", é bem provável que tenham utilizado algum malware do tipo backdoor.

Os backdoors permitem que o invasor tome o controle total do computador infectado. Eles podem ser utilizados para inúmeros fins, inclusive a instalação de outros malwares.

Backdoors são utilizados para fins de instalação de trojans ou simplesmente destruir o sistema do computador infectado. A segunda forma, por incrível que pareça, é a que te causará menos prejuízo, mas para isso, você terá que possuir backups limpos (sem infecção do malware) para a recuperação dos dados em seu computador.

Navegar em sites seguros é o primeiro passo para se livrar destas ameaças virtuais. É bom ter cautela, ao baixar downloads pela Internet, e sempre utilizar o software antivírus para escanear estes arquivos antes mesmo de os descompactar ou executar. Tem muita gente que esquece desses detalhes, e não dão a importância por achar que o antivírus fará tudo sozinho.

Já imaginou ter o seu computador todinho nas mãos de um hacker, que navega de forma quase anônima pela Internet? Pessoa essa que você não sabe quem é, e muito menos quais são as intenções que têm?

Então, lembre-se sempre de utilizar o antivírus, caso não queira que seu computador esteja em mãos erradas. Muitas das vezes, quando a vítima percebe que seu computador está infectado, o estrago já foi feito.

6.9 - Sniffer

Inicialmente, sniffers não foram criados para serem softwares de código malicioso. Eles foram criados para monitorar o tráfego na rede, com a finalidade de realizar melhorias e otimizações, baseadas no tráfego.

Mas, como podemos imaginar, logo os hackers viram um grande potencial nesta ferramenta, pois ela tem recursos capazes de "escutar" tudo que passa pela rede, inclusive logins e senhas e outras coisas mais.

Atualmente, sniffer é uma categoria de malware que tem como funcionalidade principal, a captura de pacotes que trafegam em redes de computadores com a intenção de roubar dados de acesso, logins e senhas.

Com a capacidade de ler os pacotes na rede, um hacker pode criar sniffers especializados para roubar dados específicos, como logins, senhas, e dados de cartões de crédito, com a finalidade única de praticar crimes virtuais. Caso o usuário tenha o costume de realizar compras virtuais, ao ter um computador infectado com um sniffer, é bem provável que sites serão acessados por hacker pela Internet, com a utilização dos seus dados.

É muito difícil detectar um sniffer na rede, ao menos que o usuário tenha grandes conhecimentos em programação e tenha a capacidade de desenvolver um software caça sniffers. Esta categoria de software, que tem a função de encontrar outros sniffers na rede, também é um sniffer, só que com aquela funcionalidade original, ou seja, encontrar problemas na rede, melhorar e otimizar o tráfego, encontrando sniffers intrusos.

A forma mais fácil e rápida de detectar e eliminar sniffers de rede é através de um bom software antivírus. Existem antivírus com a função anti-sniffer.

70 • Segurança da Informação - Ameaças e Controles

Antes de instalar um antivírus em seus computadores, é bom verificar se ele tem funções para verificar e eliminar problemas na rede, como a detecção de sniffers maliciosos que podem chegar de uma mídia física qualquer ou pela Internet.

Sniffers são malwares perigosos e silenciosos. Por serem silenciosos, eles podem provocar muitos prejuízos em compras on-line, antes de o usuário perceber que foi infectado, pois, caso o usuário faça compras pela Internet, hackers podem utilizar dados de cartão de crédito, contas bancárias, logins e senhas para efetuar transações fraudulentas, antes que o usuário perceba que está sendo roubado.

Hackers adoram sniffers!

Proteja-se de sniffers, caso não queira acordar com menos dinheiro em suas contas bancárias ou pelo menos venha a ter uma enorme dor de cabeça para tentar provar que não foi você quem efetuou compras, em sites que você nunca acessou antes, ou em alguns casos nem sabia que existe.

6.10 - Worm

Worm é um dos tipos de malwares mais abomináveis de todos os tempos, e um dos mais sofisticados também. Eles conseguem ser piores que os vírus, pois eles não necessitam de outro arquivo para se replicar e propagar pelo sistema.

Um computador infectado com um worm, normalmente, terá vários arquivos desconhecidos espalhados por todo o sistema operacional, o que normalmente torna os worms mais detectáveis. Em outras palavras: além de te prejudicar de outras formas, worms provavelmente irão inutilizar toda a instalação do seu sistema operacional, lhe causando além de tudo, mais perda de tempo para reparar os seus arquivos.

Worms criam arquivos com nomes dos mais variados tipos, podendo ser nomes de arquivos legítimos do sistema, e até mesmo nomes estranhos ou palavrões. Quem gostaria de ter mais de um milhão de arquivos de worm no computador, cada um com um nome de palavrão diferente? Realmente isso não lhe deixaria muito feliz.

Enquanto um worm lhe distrai com seu senso de "humor", ele pode estar fazendo coisas mais sérias, que te fazer sorrir. Talvez você até se divirta um pouco, com um worm, desconfiando que algum amigo esteja fazendo alguma trollagem na rede, ao encontrar em seu computador um arquivo "engraçadinho" criado por um worm. Mas temos que ter muito cuidado! Os worms são tão perigosos quanto os vírus!

Lembra que o worm tem as mesmas características de um vírus?

Os criadores de worms são verdadeiros hackers, que utilizam suas habilidades para criar arquivos capazes de se replicar indiscriminadamente, sem precisar de outros arquivos executáveis, além deles mesmos, para se multiplicar.

Os worms são enquadrados como um tipo de vírus, que possuem características muito parecidas. A diferença é que os worms são programas completos.

Worms podem se multiplicar rapidamente ou não, isto normalmente vai depender da intenção ou estratégia de quem os criou.

6.11 - Ransonware

No mundo digital, podemos encontrar várias situações que estão próximas da vida real. Podemos comparar fatos ocorridos em meios virtuais que estão bem próximos, ou até tenham sido influenciados por práticas, ou mais precisamente crimes, que podem estar presentes na vida das pessoas.

Da mesma forma que um sequestro pode ocorrer na vida de uma pessoa, também pode acontecer no mundo digital.

Ransonware é um tipo de malware que codifica arquivos do sistema, e seus utilizadores, neste caso, após a infecção de um computador, irão exigir o pagamento de um resgate, para descriptografar os arquivos codificados.

Pensar que podemos em algum momento estar com arquivos impossibilitados de serem abertos é realmente uma situação preocupante. Este tipo de malware infecta o computador, e quando isso ocorre, ele vai utilizar um mecanismo de codificação para impedir que esses arquivos sejam lidos pelos meios comuns, ou seja, pelos seus programas originais.

Podemos dizer que diante desta situação, houve um sequestro digital, visto que os dados codificados só serão "libertados" da codificação imposta pelo malware, após o pagamento de resgate.

Este malware normalmente define um prazo para o pagamento do resgate, com a intenção de impor certa pressão à vítima. Isso é feito para impedir que a vítima tenha tempo para tentar reverter a codificação dos arquivos.

Ransonwares são um tipo de malware que mais invade a privacidade da vítima. Observando e comparando a ação deste malware, podemos perceber o quão violenta é a sua ação, visto que já não se trata mais de furto, mas sim, de sequestro das informações, seguido de ameaças e chantagens.

Por ter características muito agressivas, os ransonwares costumam atrair uma resposta mais rápida das autoridades policiais. Digamos que um hacker de ransonware não terá muito tempo livre para praticar este crime.

Capítulo 6 Ameaças Hacker • 73

Este tipo de malware não é tão popular, por causa do grande apelo e empenho em combatê-lo, devido ao seu grau de periculosidade. Mas quando ocorre o lançamento de um novo ransonware de sucesso, ele costuma ganhar até destaque televisivo, pois ransonwares costumam ter uma grande e rápida proliferação. Isso pode causar pânico.

Mas não será motivo de pânico, caso você tenha backups atualizados dos seus arquivos em outros locais, longe dos computadores infectados.

Ransonware é uma modalidade de crime em formatos virtuais, mas um tipo de crime muito conhecido pela sociedade, o qual já existia bem antes da criação dos computadores.

Felizmente este tipo de malware facilita a captura de seus praticantes, visto que o pagamento de resgates envolve dinheiro, e tudo o que envolve dinheiro, permite um rastreamento mais eficiente e localização dos criminosos.

Atualmente muitos hackers estão exigindo pagamentos de resgate em moedas digitais, e esta é uma das maiores preocupações do momento.

Mas não há crime perfeito! Se alguém, seja lá com qual moeda, comprar algum produto em algum endereço virtual, este produto terá que chegar a algum endereço físico, para que alguém o possa utilizar. Ao menos que se use este dinheiro apenas para produtos ou contas virtuais.

De qualquer forma, o melhor a fazer é se prevenir, mantendo backups de arquivos importantes diariamente, não apenas um backup, mas dezenas, ou centenas de dias anteriores.

Para desencorajar o sucesso deste malware, basta não pagar resgates.

Mas para que isso não seja necessário, você precisará ter backups.

Nunca deixe de fazer backups!

6.12 - Adware

Com o atual mercado competitivo, é comum que empresas busquem uma forma de fazer publicidade. Esta publicidade, muitas das vezes, tem um custo alto, então, empresas buscam encontrar novas formas de anunciar seus produtos.

Fazer publicidade não é crime, o problema é quando isso tira a privacidade das pessoas. O adware é um malware que começou sua atividade por baixar publicidades no computador. Até então, este produto não era considerado um malware, mas apenas um software intruso.

Com o passar dos anos e a prática desta atividade, muitos desses softwares começaram a exercer atividades que já não eram simplesmente publicidade, pois eles começaram a trazer embutido em seus códigos, ações que coletavam informações do computador em que eles estavam instalados.

Quando um software coleta informações de um computador sem a autorização do usuário, e os envia para alguém, sem o devido consentimento do proprietário, ele será caracterizado como um spyware, ou seja, um software espião. É exatamente nisso que muitos adwares têm se transformado ao longo de suas atividades.

Existem softwares que têm uma versão não registrada, com características de apenas mostrar publicidades na tela do computador, enquanto são executados. Para que estes softwares funcionem em sua versão free, eles podem solicitar o acesso à Internet, e no caso de um firewall estar bloqueando este acesso, o usuário deverá liberar o acesso para que este software funcione. É neste momento que um spyware, disfarçado de adware, poderá começar a vasculhar informações de seu computador.

Capítulo 6   Ameaças Hacker • **75**

É por causa do risco, que os adwares são criticados. Um adware pode ser inofensivo aos usuários do computador, mas pode, também, exercer a função de um spyware. Na dúvida, como não conhecemos o código de cada software que está instalado em nossos computadores, será melhor evitar este tipo de software.

Desconfiar de aplicativos que têm acesso à Internet, "pelas portas dos fundos", é uma situação constante para ambos os usuários de sistemas. É melhor que um software, uma vez instalado no computador, "fique por lá mesmo", ou seja, fique instalado localmente e somente acesse a Internet para fazer atualizações oficiais, sempre com o consentimento e permissão dos seus usuários.

Existe uma "onda" de softwares que aproveitam do acesso à Internet para realizar "coisas" que não são solicitadas pelo usuário.

Um software que venha descarregar promoções e publicidades em seu computador, poderá também enviar informações de seu computador para alguém via Internet, informações que poderão até ser vendidas a outras pessoas ou empresas.

Uma vez que o usuário libere pelo firewall o acesso a um adware, o controle de enviar ou não informações do computador pela Internet, estará nas mãos do criador desse adware.

Evitar instalar softwares desconhecidos e que exigem o acesso à Internet para baixar promoções, publicidades e outras informações via Internet será a prática mais sensata para evitar que informações do computador sejam enviadas indevidamente por este tipo de malware, muito parecido, ou até idêntico, às ações dos spywares.

6.13 - Web Shields

Com a ética a cada dia mais rara, não é totalmente confiável clicar em links de sites desconhecidos pela Internet. Existem ameaças pela Internet que podem chegar por arquivos baixados em seu computador.

Os web shields foram criados para acompanhar algum aplicativo útil, normalmente grátis. Esses web shields têm a função de varrer em tempo real os caminhos e costumes da sua navegação na Internet, para apresentar publicidades relacionadas durante a sua navegação.

Este tipo de malware é considerado um adware (programas que exibem propagandas sem a autorização do usuário), mas, é também uma ameaça no que diz respeito à privacidade. Os web shields têm a capacidade de aperfeiçoar o seu grau de ofertas e publicidade, na medida em que filtram o conteúdo acessado na Internet, a ponto de incomodar o usuário com tantas mensagens indesejadas.

Web shields funcionam em tempo real, monitorando todo o conteúdo baixado e acessado da Internet, entre páginas, documentos, imagens, scripts e downloads.

Este recurso comumente está disponível em aplicativos grátis, que tem a funcionalidade de oferecer alguma tarefa útil ao usuário, mas em contrapartida, vem com um web shield embutido.

Muitas vezes, também pode ocorrer de você baixar um programa que diz estar fazendo algo, tipo aumentar a velocidade da conexão da Internet, liberar memória em tempo real, por exemplo, ou outras funcionalidades interessantes, mas que na verdade, não está fazendo nada a respeito do que é proposto, pois a intenção real deste programa é apenas vasculhar a sua navegação pela Internet mesmo.

Capítulo 6 Ameaças Hacker • 77

Além de comprometer a velocidade da conexão de Internet, largura da banda, memória e processamento do computador, os web shields devem ser evitados em todos os momentos, pois eles violam a privacidade dos usuários e podem causar ainda outros danos.

Seja criterioso ao baixar programas da Internet. Desconfie de programas que instalam outros pacotes além do programa principal.

6.14 - Riskware

Atualmente, com a complexidade dos softwares e as disponibilidades de recursos de redes integrados com os sistemas, é fácil encontrar softwares originais que não foram criados para efetuar operações ilícitas, mas podem ser utilizados pelos hackers ou algum tipo de malware, para efetuar operações fraudulentas.

Um riskware é um software que possui características que podem ser exploradas por softwares maliciosos.

O perigo é constante, pois nos sistemas atuais, podemos encontrar arquivos de rede que fornecem recursos de acesso ao sistema, remotamente, recursos estes que podem ser utilizados tanto de forma lícita, como de forma ilícita.

Os recursos de acesso remoto disponibilizado pelos sistemas operacionais são criados para fins de uso legítimos, mas com o conhecimento da arquitetura do sistema, hackers podem criar algum malware capaz de utilizar indevidamente estes recursos.

Não são apenas os recursos de acesso remoto do sistema operacional que são considerados um riskware, mas existem vários outros dispositivos que podem ser considerados riskware. Mas é bom lembrar que estes softwares são apenas um risco, tê-los instalados no computador não quer dizer que irão permitir o acesso indevido, caso o usuário tome os cuidados necessários.

Veja o conjunto de softwares mais comuns, considerados riskware:

- Serviços de acesso remoto;
- Serviços de compartilhamento de arquivos;
- Servidor de arquivos;
- FTP;
- Backdoors;
- Clientes IRC;
- Utilitários administradores de processos;
- Entre outros.

As ações de um riskware normalmente podem ser facilmente monitoradas, mas para isso, o usuário do sistema deverá ter um conhecimento avançado em ferramentas de redes de computadores para efetuar a proteção necessária no sistema.

O monitoramento da rede deve ser realizado utilizando softwares de controle de tráfego na rede, além de um firewall para barrar a comunicação de programas mal-intencionados.

Recursos de rede que podem ser um risco e que não estão sendo utilizados no sistema poderão ser desabilitados para dificultar a ação de programas maliciosos.

Normalmente, sistemas operacionais possuem recursos de controle de serviços, que podem ser utilizados para o gerenciamento dos recursos oferecidos por este sistema. Mais adiante neste livro, veremos como fazer isso facilmente, para dificultar a ação de softwares maliciosos, caso eles infectem o computador.

A vantagem será sempre de quem diminui os riscos, de ter suas informações roubadas, ou destruídas por um malware.

6.15 - Winman32

Quem nunca esteve em um site de relacionamento e encontrou um link dizendo "Vejam as nossas fotos como ficaram..." e um link para acessar um endereço, que normalmente aponta para um site válido, mas, com certeza, infectado com um vírus ou trojan? Os winman32 funcionam desta forma.

Winman32 é um tipo de vírus que infecta computadores, para posteriormente enviar mensagens em sites de relacionamentos que são acessados deste computador.

Mensagens deste tipo devem ser ignoradas, pois elas chegam nestes sites como se fossem enviadas por um de seus contatos, com assuntos que podem até confundir e fazer com que a pessoa acesse o link, mas com certeza estará com um trojan ou vírus embutido, que ao ser acessado infectará o computador.

A recomendação atual é que links suspeitos nunca sejam acessados em sites de relacionamentos, visto a variedade de winman32 espalhados atualmente pela rede mundial de computadores (Internet). Arquivos só devem ser baixados caso você tenha a absoluta certeza de que tenham sido enviados por um contato real.

Em um bate-papo, por exemplo, não tem como confundir uma pessoa facilmente, pois acho que ninguém poderia imitar uma outra pessoa desconhecida tão facilmente, sem ser descoberto, mas enviar links pela Internet, passando-se por um perfil de contatos da lista da vítima, é o que os winman32 foram criados para fazer.

Baixar vírus no computador em sites de relacionamentos, não é um fato novo, pois isto existe desde os tempos em que surgiram os sites de relacionamentos na Internet, a diferença é que naquela época, os usuários destes sites eram menos preparados para se livrar de tais situações, que não exigem nada mais do que ignorar este tipo de anúncio.

Os estragos causados por um winman32 existem, não por causa deste malware em si, mas por causa dos vírus que eles normalmente baixam em seu computador.

Os vírus e trojans baixados via winman32 são dos mais variados tipos, visto que um winman32 pode ser criado para baixar e instalar qualquer código malicioso no computador da vítima.

As frases emitidas nos sites são, normalmente, do tipo genérico, mas que procuram induzir a vítima a clicar no link, pois trazem assuntos muito atraentes para aquele momento.

Veja alguns exemplos de termos utilizados por um winman32:

- Há um débito em seu nome...
- Evite que seu nome vá para o SPC / SERASA...
- Vazou este vídeo...
- Fotos flagrantes...
- Tudo grátis aqui...
- A Imprensa não divulgou...
- Inédito...
- Veja, antes que saia do ar...
- Exclusivo...
- Assista, antes que seja bloqueado...

E há inúmeros outros termos por aí...

Então, quando encontrar frases feitas, atraentes, na tentativa de te induzir a clicar em um link, em sites de relacionamento, mesmo que tenham sido enviadas pelo perfil de um contato seu, fique atento! Você pode estar olhando para um link que irá baixar um vírus em seu computador, através da ação de um winman32!

6.16 - Descanso de Tela

Antes dos monitores LCDs ou de LEDs, os monitores de computador eram baseados na tecnologia de tubos de raios catódicos. Este tipo de dispositivo utilizava um software chamado de descanso de tela, que tinha a função de impedir que defeitos ocorressem no monitor, como a mudança das características da tela através de sombras permanentes, causadas por longos períodos de tempos sem a mudança da imagem.

Para impedir que este fenômeno ocorresse, foram criados os softwares de descanso de tela, que emitiam uma imagem com mudanças constantes.

Atualmente, estes softwares estão sendo utilizados para entretenimento, ou para o bloqueio da tela do computador através de senha.

Diante de um software que hoje é utilizado como entretenimento, podemos imaginar que não existe nenhum problema em adquirir este aplicativo de uma origem desconhecida, mas isso não é verdade.

Os softwares de descanso de tela são arquivos executáveis, eles possuem a extensão scr, que vem do seu nome original screensaver, no inglês. Estes softwares não foram criados para fins maliciosos, mas hackers podem aproveitar deste recurso executável para instalar vírus através deste "inofensivo" software de entretenimento.

É melhor manter os protetores de tela, ou mais comumente chamados descansos de tela, originais do sistema operacional, ou baixá-los apenas de sites idôneos e que têm um nome conhecido no mercado.

Há também uma outra função para o descanso de tela: proteger a área de trabalho por senha. Para esse recurso funcionar, será necessário que o sistema operacional esteja configurado para acessar somente com um login e senha.

Proteger a área de trabalho do computador através de um software de descanso de tela é uma atividade válida localmente, para as funcionalidades que este software se propõe. Mas é preciso estar atento de que este recurso (descanso ou proteção de tela) tenha sido fornecido por uma empresa séria. Caso contrário, seu computador poderá ficar seguro no local, mas por outro lado vulnerável remotamente.

6.17 - Vírus de Macro

Os primeiros editores de textos, bem no princípio da computação, trabalhavam apenas com um conjunto limitado de caracteres e nada mais que isso. Atualmente, este conjunto de caracteres ampliou muito, incluindo caracteres de línguas e padrões diferentes. Ao passo em que esses editores de textos, também chamados de processadores de textos, foram evoluindo, surgiu a necessidade de incluir recursos de macro.

Os recursos de macro são basicamente a substituição de um valor de entrada, normalmente pequeno, por uma grande atividade ou procedimento que serão realizados automaticamente pelo editor de textos, quando for utilizado este valor de entrada de teclado (pequena sequência de caracteres).

Mas o que isso tem a ver com segurança?

O problema é que hackers podem substituir comandos de macros por códigos maliciosos e depois circular estes documentos aparentemente inofensivos, mas infectados com vírus, pela Internet ou por outro meio de distribuição.

Os recursos atuais dos processadores de textos são fascinantes, e tenho a certeza que ainda evoluirão muito e não poderia nem deveria ser diferente. Mas, com todos esses recursos embutidos nos processadores de textos, poderemos encontrar documentos de textos com códigos maliciosos em seu interior.

Atualmente, com o grande número de vírus de macro circulando pela Internet, a maioria dos servidores de e-mail já possuem rotinas para retirar ou desabilitar estes códigos maliciosos dos anexos.

Mas é bom estar sempre com um software antivírus atualizado em seu computador, utilizar somente provedores de Internet que possuem uma verificação automática de vírus em suas caixas de mensagens, evitar baixar qualquer arquivo desconhecido pela Internet, além de baixar apenas arquivos que têm origem segura, e quando baixar qualquer arquivo, escanear este arquivo com o antivírus imediatamente.

Vírus de macro podem ser tão perigosos quanto qualquer outro tipo de vírus.

6.18 - Links Maliciosos

A navegação pela Internet sempre foi baseada em links, ou seja, uma solicitação de um documento localizado em um endereço na grande rede, ou mais precisamente, um documento localizado em uma pasta de um servidor de Internet.

Como os documentos disponíveis na Internet são variados, os locais onde eles se encontram também são variados. Podemos encontrar documentos hospedados em servidores livres de vírus, mas também podemos encontrar locais "lotados" de vírus e códigos ou programas hackers. Veja quais são os documentos mais comuns encontrados em hospedagens de servidores de Internet:

- Documentos HTML;
- Scripts de servidor;
- Textos;
- Imagens;
- PDFs;

- Sons;
- Vídeos.

Entre todos estes documentos, os scripts são os que podem ser "perigosos", quando estão hospedados em locais de origem hacker, pois eles são programas que têm a capacidade de realizar uploads direto para máquina cliente.

Felizmente, estes softwares necessitam de uma solicitação da máquina cliente para serem executados, e normalmente, quando trazem algum perigo para os usuários são excluídos pelo próprio provedor de Internet. Por isso, hackers sempre utilizam seus próprios servidores, normalmente máquinas virtuais, para realizar suas atividades.

Para que um malware seja executado em um local qualquer da Internet, um link apontando para este programa deve ser antes acessado por uma pessoa que está navegando pelo site. Este link pode ser disponibilizado via e-mail, sites de relacionamentos, e até mesmo, sites de origem duvidosa, que normalmente estão hospedados em servidores virtuais, configurados por hackers.

Mas, como saber quando um link é seguro? Quando arrastamos o mouse sobre o link (sem clicar com o mouse), normalmente o navegador de Internet (browser) mostra o destino deste link na barra de status que normalmente fica no canto inferior esquerdo, caso ela esteja habilitada. Devemos acessar apenas links de sites legítimos e seguros, cujo nome e procedência sejam conhecidos e aprovados por vários outros usuários.

Veja, na figura 6.5, a barra de status do Mozilla Firefox, que fica no canto inferior esquerdo, bem acima da barra de tarefas do sistema operacional.

Figura 6.5 - A barra de status do Firefox

Sempre com a barra de status habilitada, é bom observar o destino dos links, antes de clicar em qualquer link pela Internet. Empresas sérias dificilmente enviam e--mails para pessoas que não fazem parte da sua carteira de clientes. Quando você receber um e-mail com o nome de uma instituição a qual não faz parte da sua carteira de clientes, é bem possível que seja um spam. E mesmo que você seja cliente desta empresa, é bom verificar, pessoalmente, na sua agência, sobre a origem do e-mail, antes de fazer qualquer negócio. Lembre-se: negócio seguro é firmado com instituição confiável e de forma presencial!

Veja na figura 6.6, um e-mail de procedência duvidosa, que utiliza o nome de uma instituição real:

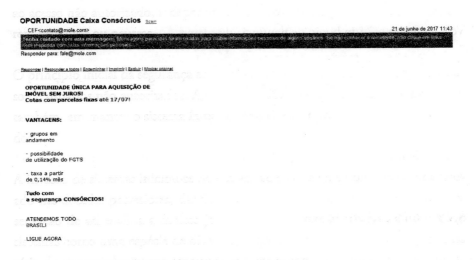

Figura 6.6 - Um típico e-mail de procedência duvidosa

Como podemos observar, a procedência deste e-mail é altamente duvidosa, visto a simplicidade do contexto e a falta de endereços físicos e informações mais concretas para o suposto cliente.

Mas não é só isso. Vamos aos outros itens que condenam este tipo de e-mail:

- É um spam;
- Contexto simples e com erros;
- Oferece fábulas: serviços com taxas de juros 0,00 (Zero) ou percentuais muito abaixo do mercado;
- Tenta induzir o usuário a adquirir o serviço dizendo que o prazo é por tempo determinado;
- Chegou à caixa de mensagens por uma rede de negócios a qual o suposto cliente não pertence, e por e-mail de origem desconhecida.

E-mails como esse devem ser denunciados como spam. Utilize o recurso de denúncia de seu provedor.

Veja na figura 6.7 um botão de denúncia de spam.

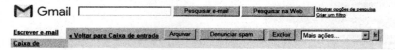

Figura 6.7 – Denunciando um spam

Feita a denúncia, o provedor poderá se encarregar de impedir que este e-mail volte a ser distribuído para a sua e outras caixas de e-mails.

6.19 - Sites Maliciosos

Da mesma forma que podemos encontrar links, que são disponibilizados na Internet com fins de infectar o computador com algum tipo de malware, podemos encontrar sites inteiros voltados para este fim.

Quando navegamos na Internet, devemos lembrar que uma página disponibilizada pode oferecer algum tipo de serviço, funcionalidade, entretenimento, informação. Mas por outro lado, dependendo de onde se navega, podemos encontrar páginas hospedadas em servidores montados pelos próprios hackers.

Hackers não utilizam serviços de hospedagem padrão, porque estes serviços não permitem a hospedagem de vírus ou outro tipo de malware. Eles montam seus próprios servidores. Provedores que fornecem espaço para hospedagens de sites normalmente controlam o conteúdo hospedado.

Os atuais softwares antivírus oferecem ferramentas para detectar se sites possuem algum código malware embutido. Mas, normalmente, você deve habilitar estas ferramentas ou contratá-las separadamente.

Felizmente, também há um esforço por parte dos mecanismos de busca para eliminar de suas pesquisas, sites potencialmente perigosos.

Hackers gostam muito de criar servidores para oferecer serviços de entretenimento. Prefira sites que fornecem serviços totalmente on-line, ou seja, sites sérios que nunca sugerem downloads suspeitos para dentro do seu computador.

Veja o que lhe ajuda a navegar mais seguro na Internet:

- Utilizar sistemas operacionais atualizados;
- Ter um antivírus atualizado com proteção à navegação pela Internet;
- Preferir bons navegadores, e sempre atualizados;
- Atualizar players e plugins de Internet que estejam vulneráveis;
- Não acessar links de origem duvidosa, de nomes estranhos tipo http:// abc1234.so ou http://abcd128.ru, ou com esses nomes sem sentido, por exemplo.

Isto lhe ajudará a evitar infecções com malware em seu computador.

88 • Segurança da Informação - Ameaças e Controles

6.20 - Phishing - Sites Falsos

A coleta de dados de uma pessoa, através de sites que têm um domínio muito parecido com o de uma empresa, pode causar sérios prejuízos para quem fornece dados a sites de Internet.

O phishing é uma prática em que sites falsos, que normalmente possuem endereços e layouts muito parecidos com os sites verdadeiros, são criados por hackers para distribuir e-mails solicitando recadastramentos, dentre outros pretextos do gênero, para tentar obter dados da vítima, e posteriormente, fraudar e roubar valores de contas bancárias ou adquirir produtos via cartões de créditos.

A prática é quase sempre a mesma: você recebe um e-mail, que parece ser de uma empresa séria ou de um órgão governamental, solicitando o recadastramento ou fornecimento de dados para uma suposta correção ou atualização nos dados.

Mas como saber se isso é um phishing ou não?

Existem algumas regrinhas básicas para observar:

- Primeiramente, instituições financeiras e órgão de governo, normalmente não realizam atualização de dados via Internet. Fazer atualização de dados via Internet realmente não faria sentido para estes órgãos, visto que o recadastramento normalmente é realizado para evitar erros e fraudes e isso não teria sucesso quando feito à distância, só mesmo pessoalmente;
- Dados pessoais não devem ser fornecidos via e-mail ou somente acessando o site oficial da empresa solicitante, ao menos que você saiba exatamente com quem está se comunicando. Sabendo das fraudes existentes na Internet, empresas evitam solicitar dados dos seus clientes via e-mail, sem qualquer solicitação feita anteriormente por este usuário;
- Empresas realizam transações bancárias em seus sites oficiais.

Normalmente, um phishing origina-se de um e-mail suspeito, que utiliza o artifício de oferecer vantagens e ganhos, para tentar iludir e fazer com que a vítima entre em uma página de Internet, cujo servidor não possui nem sequer domínio registrado.

Podemos observar também, que o e-mail utilizado para envio da mensagem não está no servidor para onde o link aponta, o que fica provado que este e-mail originou-se de mecanismos de spam, utilizado para distribuir mensagens instantâneas na Internet.

Como o e-mail oferece vantagens e ganhos, muitos e-mails desta natureza pedem um cadastro para enviar supostos produtos ou materiais vantajosos a vitima.

Cuidado com sites e servidores de Internet que possuem nomes muito parecidos com os nomes de empresas e sites sérios. Os nomes de servidores utilizados para phishing, normalmente se parecem com nomes verdadeiros de empresas reais, mas não são os endereços oficiais destas empresas.

Ligue na empresa solicitando o endereço do site oficial, caso você não saiba ainda qual é.

As tentativas de phishing utilizam nomes de empresas conhecidas, sem sua devida autorização, para enganar a vítima e conseguir dados cadastrais ou outros dados pessoais, passando–se por uma empresa legítima, o que não é verdade.

Nunca forneça dados pessoais via e-mail ou a sites que não sejam de seu total conhecimento.

Cuidado com os e-mails que chegam à sua caixa de mensagens sem sua solicitação.

Resumo do Capítulo

- **Malware** é um termo destinado a um tipo de software capaz de infectar computadores com o objetivo de buscar alguma vantagem ou causar danos. O termo malware é uma abreviatura da frase "software malicioso", cujo código possui linhas capazes de infectar arquivos do sistema e buscar informações do computador para enviar a seus proprietários, que na maioria das vezes, não são necessariamente aqueles que construíram o malware, mas aqueles que tentam, de alguma forma, adquirir vantagens com este tipo de software.

- **Vírus de Computador** é o malware mais antigo entre todos os malwares. Esses vírus têm uma característica clássica de se replicar e infectar o máximo de computadores possíveis. Um vírus de computador, normalmente se acopla em outros arquivos executáveis, chamados hospedeiros, ele precisa destes arquivos para se replicar e se propagar.

- **Spam** é uma forma de enviar e-mails pela Internet, aleatoriamente, e sem o devido consentimento dos receptores.

- **Rootkit** é um tipo de vírus que possui a capacidade de camuflagem mais avançada, para enganar os softwares antivírus. Os rootkits funcionam da seguinte forma: infecta processos do sistema operacional, filtrando listas de arquivos e códigos de processos infectados. Fazendo isto, ele impede que os softwares antivírus encontrem os arquivos infectados com o vírus, e quando for solicitado o código do arquivo ao sistema, ele estará pronto para filtrar a informação, removendo o código de vírus e impedindo que o software antivírus o remova da lista de processos do sistema operacional.

- **Spyware**, assim como um trojan, pode causar prejuízos de mil ou milhões. Spy, que significa espião, já identifica bem o que este malware faz. Um spyware é capaz de espionar o computador em busca de informações que irão dar

Capítulo 6 Ameaças Hacker • 91

lucros ilegais para seus utilizadores, e prejuízos reais, para as vítimas deles. Os programas espiões funcionam de forma silenciosa no computador, em busca de senhas e números de cartões de créditos. Documentos também são alvos destes softwares, capazes de enviar informações para seus utilizadores, que irão, na maioria das vezes, fazer mau uso destas informações.

- **Trojan** é um tipo de software espião, e está entre os malwares mais temidos entre todas as gerações. Este malware é capaz de capturar informações de contas bancárias, para aqueles que têm o costume de acessar a Internet para efetuar tais operações, além de capturar senhas digitadas no teclado. Não é à toa que instituições financeiras normalmente utilizam outros meios para acesso de contas bancárias além do número e a senha da conta, como exemplo podemos citar o uso de cartões de dígitos, senhas de letras, ou acesso via certificação digital. Só o uso de logins e senhas, já faz tempo que não é mais seguro. Apesar de ser um malware temido, o trojan é um software simples, que possui dois núcleos, a saber:

  - Cliente: software administrador que fica na máquina do hacker.
  - Servidor: que fica na máquina da vítima. Este servidor é o software responsável por abrir uma porta de comunicação com a máquina cliente.

- **Keylogger** é um tipo de malware capaz de capturar tudo o que o usuário digita no teclado, e registrar estes dados para enviar para o um hacker. Estes programas registram tudo o que é digitado no teclado do computador em que este malware estiver instalado. É uma espécie de "escuta", capaz de identificar, por exemplo, logins e senhas digitadas pelo usuário. Estes malwares, inicialmente, tinham a função de enviar os dados capturados do teclado do usuário diretamente para contas de e-mails dos hackers, pela Internet. Mas também existe a possibilidade de um keylogger estar rodando em conjunto com um aplicativo mais sofisticado. Atualmente, a segunda forma é a mais utilizada.

92 • Segurança da Informação - Ameaças e Controles

- **Backdoor** é um tipo de malware capaz de abrir portas no sistema, para que sejam utilizadas por alguém, em algum lugar remoto na rede. Como o nome diz, é uma espécie de "porta dos fundos". Esta porta será utilizada por um malware para permitir e garantir o acesso remoto, que podemos chamar basicamente de "invasão hacker". Quando você ouvir alguém dizer que houve "invasão hacker", é bem provável que tenham utilizado algum malware do tipo backdoor.

- **Sniffer**, Inicialmente, não foi criado para ser software de código malicioso. Eles foram criados para monitorar o tráfego na rede, com a finalidade de realizar melhorias e otimizações, baseadas no tráfego. Mas, como podemos imaginar, logo os hackers viram um grande potencial nesta ferramenta, pois ela tem recursos capazes de "escutar" tudo que passa pela rede, inclusive logins e senhas. Atualmente, sniffer é uma categoria de malware que tem como funcionalidade principal, a captura de pacotes que trafegam em redes de computadores com a intenção de roubar dados de acesso, logins e senhas.

- **Worm** é um dos tipos de malwares mais abominável de todos os tempos, e um dos mais sofisticados também. Ele consegue ser pior que os vírus, pois ele não necessita de outro arquivo para se replicar e propagar pelo sistema. Um computador infectado com um worm, normalmente, terá vários arquivos desconhecidos espalhados por todo o sistema operacional, o que normalmente torna os worms mais detectáveis. Em outras palavras: além de te prejudicar, worms provavelmente irão inutilizar toda a instalação do seu sistema operacional, lhe causando, além de tudo, mais perda de tempo para reparar os seus arquivos. Worms criam arquivos com nomes dos mais variados tipos, podendo ser nomes de arquivos legítimos do sistema, e até mesmo nomes estranhos ou palavrões. Enquanto um worm lhe distrai com seu senso de "humor", ele pode estar fazendo coisas mais sérias, que te fazer sorrir. Talvez você até se divirta um pouco, com um worm, desconfiando que algum amigo esteja fazendo alguma trollagem na rede, ao encontrar em seu computador um arquivo "engraçadinho" criado por um worm. Mas temos que ter muito cuidado! Os worms são tão perigosos quanto os vírus! Os worms são enquadrados como um tipo de vírus, que possui características muito parecidas. A diferença é que os worms são programas completos

- **Ransonware** é um tipo de malware que codifica arquivos do sistema, e seus utilizadores, neste caso, após a infecção de um computador, irão exigir o pagamento de um resgate, para descriptografar os arquivos codificados. Este malware normalmente define um prazo para o pagamento do resgate, com a intenção de impor uma certa pressão à vítima. Isso é feito para impedir que a vítima tenha tempo para tentar reverter a codificação dos arquivos. De qualquer forma, o melhor a fazer é se prevenir, mantendo backups de arquivos importantes diariamente, não apenas um backup, mas dezenas, ou centenas de dias anteriores.

- **Adware** é um tipo de malware que começou sua atividade por baixar publicidades no computador. Até então, este produto não era considerado um malware, mas apenas um software intruso. Com o passar dos anos e a prática desta atividade, muitos destes softwares começaram a exercer uma atividade que já não era simplesmente publicidade, eles começaram a trazer embutido em seus códigos, ações que coletavam informações do computador em que eles estavam instalados. Quando um software coleta informações de um computador e envia para alguém, sem o devido consentimento do proprietário, ele será caracterizado como um spyware, ou seja, um software espião. É por causa do risco que os adwares são criticados. Um adware pode ser inofensivo aos usuários do computador, mas pode também, exercer a função de um spyware. Na dúvida, como não conhecemos o código de cada software que está instalado em nossos computadores, será melhor evitar este tipo de software.

94 • Segurança da Informação - Ameaças e Controles

- **Web Shield** é um tipo de malware que foi criado inicialmente para acompanhar algum aplicativo útil, normalmente grátis. Esses web shields têm a função de varrer, em tempo real, os caminhos e costumes da sua navegação na Internet, para apresentar publicidades relacionadas durante a sua navegação. Este tipo de malware é considerado um adware (programas que exibem propagandas sem a autorização do usuário), mas, é também uma ameaça no que diz respeito à privacidade. Os web shields têm a capacidade de aperfeiçoar o seu grau de ofertas e publicidade, na medida em que filtram o conteúdo acessado na Internet, a ponto de incomodar o usuário com tantas mensagens indesejadas. Web shields funcionam em tempo real, monitorando todo o conteúdo baixado e acessado da Internet, entre páginas, documentos, imagens, scripts e downloads. Podem comprometer a velocidade da conexão de Internet, largura da banda, memória e processamento do computador, além da privacidade dos usuários.

- **Riskware** é um tipo de software que possui características que podem ser exploradas por softwares maliciosos. São programas legítimos, mas que, se apresentarem falhas de segurança, podem comprometer o sistema. Podemos citar como exemplo, softwares de acesso remoto desatualizados ou programas antigos de transferência de arquivos, que possuem níveis baixos de segurança para os dias atuais.

- **Winman32** são um tipo de vírus que infecta o computador, para posteriormente enviar mensagens em sites de relacionamentos que são acessados deste computador. Mensagens deste tipo devem ser ignoradas, pois elas chegam nesses sites como se fossem enviadas por um de seus contatos, com assuntos que podem até confundir e fazer com que a pessoa acesse o link, mas com certeza estará com um trojan ou vírus embutido, que ao ser acessado, infectará o computador. A recomendação atual é que links suspeitos nunca sejam acessados em sites de relacionamentos, visto a variedade de winman32 espa-

Capítulo 6 Ameaças Hacker • 95

lhados atualmente pela rede mundial de computadores (Internet). Arquivos só devem ser baixados caso você tenha a absoluta certeza de que tenham sido enviados por um contato real. Exemplos de termos utilizados por um winman32 estão a seguir:

- Há um débito em seu nome...
- Evite que seu nome vá para o SPC / SERASA...
- Vazou este vídeo...
- Fotos flagrantes...
- Tudo grátis aqui...
- A Imprensa não divulgou...
- Inédito...
- Veja, antes que saia do ar...
- Exclusivo...
- Assista, antes que seja bloqueado...

- **Descanso de Tela** são arquivos executáveis que possuem a extensão scr, que vêm do seu nome original screensaver, no inglês. Estes softwares não foram criados para fins maliciosos, mas hackers podem aproveitar alguns de seus recursos executáveis para instalar vírus através deste "inofensivo" software de entretenimento.

- **Vírus de Macro** são um tipo de vírus que utilizam os recursos de substituição de entradas de teclado, muito comuns em processadores de textos e outros softwares do gênero. Os recursos de macro são basicamente a substituição de um valor de entrada, normalmente pequeno, por uma grande atividade ou procedimento que serão realizados automaticamente pelo editor de textos, quando for utilizado este valor de entrada de teclado (pequena sequência de caracteres). O problema é que hackers podem substituir comandos de macros por códigos maliciosos e depois circular estes documentos aparentemente inofensivos, mas infectados com vírus, pela Internet ou por outro meio de distribuição. Mas é bom estar sempre com um software antivírus atualizado em seu computador, utilizar somente provedores de Internet que possuem uma verificação automática de vírus em suas caixas de mensagens, evitar baixar qualquer arquivo desconhecido pela Internet, além de baixar apenas arquivos que têm origem segura, e quando baixar qualquer arquivo, escanear com o antivírus imediatamente. Vírus de macro podem ser tão perigosos quanto qualquer outro tipo de vírus.

- **Links Maliciosos** são aqueles links que normalmente chegam por e-mails suspeitos, e que apontam para servidores ou serviços duvidosos. Um link malicioso pode te induzir a instalar um vírus em seu computador com apenas um clique. Estes links estão presentes principalmente em e-mails, spams, ou sites de origem hacker.

- **Sites Maliciosos** são aqueles sites que te oferecem um atrativo, normalmente de entretenimento, para baixar um vírus em seu computador. Quando navegamos na Internet, devemos lembrar que uma página disponibilizada pode oferecer algum tipo de serviço, funcionalidade, entretenimento, informação ou não somente isso, visto que podemos encontrar páginas hospedadas em servidores montados pelos próprios hackers. Os atuais softwares antivírus oferecem ferramentas para detectar se sites possuem algum código malware embutido, mas normalmente, você deve habilitar estas ferramentas ou contratá-las separadamente. Felizmente, também há um esforço por parte dos mecanismos de busca para eliminar de suas pesquisas, sites potencialmente perigosos.

- **Phishing** é uma prática em que sites falsos, que normalmente possuem endereços e layouts muito parecidos com os sites verdadeiros, são criados por hackers para distribuir e-mails solicitando recadastramentos, dentre outros pretextos do gênero, para tentar obter dados da vítima, e posteriormente, fraudar e roubar valores de contas bancárias ou adquirir produtos via cartões

Capítulo 6 Ameaças Hacker • 97

de créditos. A prática é quase sempre a mesma: você recebe um e-mail, que parece ser de uma empresa séria ou de um órgão governamental, solicitando o recadastramento ou fornecimento de dados para uma suposta correção ou atualização nos dados. Cuidado com sites e servidores de Internet que possuem nomes muito parecidos com os nomes de empresas e sites sérios. Os nomes de servidores utilizados para phishing, normalmente se parecem com nomes verdadeiros de empresas reais, mas não são os endereços oficiais dessas empresas.

Capítulo 7

Categorias Hacker

7.1 - Invasão Hacker

O termo invasão hacker se refere a ações, que podem ser via software ou não, que resultam em acesso não autorizado a sistemas de computador. A invasão se refere ao acesso não autorizado, independentemente das consequências desse acesso serem negativas ou neutras.

O princípio inicial da segurança em sistemas está relacionado em impedir o acesso de usuários não autorizados. A segurança não está ligada somente a isso, mas, também, em manter o sistema íntegro, além de protegido contra acessos indevidos.

A invasão de sistemas iniciou-se na década de 80 e teve seu crescimento acentuado nas décadas posteriores, dando origem até mesmo a filmes, que levou uma sensação de adrenalina a muitos jovens da época, que encaravam a invasão de sistemas como uma espécie de diversão, o que não é verdade. Isso é muito mais sério do que aqueles jovens pensavam naquela época.

Atualmente são tantos softwares destinados à invasão hacker, que invadir sistemas se tornou uma atividade possível de ser praticada até por indivíduos não especializados, ou sem conhecimentos técnicos na área de TI (Tecnologia da Informação). Esses entusiastas utilizam pacotes de softwares prontos, para invadir sistemas, não sabendo eles, que eles podem estar sendo as maiores vítimas de hackers mais experientes, por simplesmente, utilizarem suas ferramentas.

100 • Segurança da Informação - Ameaças e Controles

Mas isso não quer dizer que invasores inexperientes não farão estrago nos computadores, vidas pessoais e financeiras de suas vítimas. Lembre-se que o software utilizado, seja por um hacker experiente ou não, foi indiscutivelmente criado por um hacker experiente, e estes softwares costumam funcionar muito bem.

Mas quais são os softwares criados para invadir sistemas? Todos aqueles que têm código malicioso e são instalados na máquina da vítima, independentemente da técnica ou estratégia utilizada. Um *trojan* normalmente é instalado na máquina da vítima, sempre na busca de *backdoors* ou captura de senhas e dados de contas e cartões bancários, utilizando *keyloggers*.

Há categorias voltadas para a área de Segurança da Informação, seja para o lado do bem (construtivo), ou do mal (destrutivo). Veremos a seguir.

7.2 - Categoria Hacker

O termo originalmente foi destinado a pessoas que tinham alta capacidade técnica em TI e que tinham a capacidade e responsabilidade de modificar e melhorar sistemas legítimos e legais.

Partindo do conceito inicial, uma comunidade destinada a alterar e melhorar um software legítimo pode ser considerada como uma sociedade de hackers. O problema é que com a adulteração de alguns sistemas por algumas pessoas no início destas atividades, o termo hacker acabou se popularizando para representar programadores mal-intencionados.

O termo hacker não é visto com bons olhos pela sociedade, visto que já caiu "na boca do povo" como algo negativo. E isso, realmente, não mudará mais.

O MIT (Massachusetts Institute of Technology), onde surgiu o termo hacker, ainda tenta manter este termo na sua definição original, mas eu acredito que para

Capítulo 7 Categorias Hacker • **101**

o povo, o termo hacker sempre será visto como algo do mal. Isto ocorre porque há sempre uma atribuição a delitos virtuais, a pessoas que seriam, supostamente, hackers.

O termo hacker, atualmente, está dividido em três seguimentos:

Hacker de Chapéu Branco:
É um profissional ligado à Tecnologia e Segurança da Informação. Este profissional não invade sistemas, ele trabalha em empresas com a função de garantir a segurança dos sistemas contra invasões ou tentativas de acesso por pessoas não autorizadas;

Hacker de Chapéu Cinza:
Também tem conhecimentos técnicos em Tecnologia e Segurança da Informação. É um tipo de hacker que não está ligado a nenhuma instituição e tem o costume de invadir sistemas, não para causar algum dano, mas para demonstrar suas habilidades e vender serviços como Hacker de Chapéu Branco. É um tipo de hacker que pode perder prestígio perante as empresas, pois elas não têm confiança na forma com que eles conduzem seus conhecimentos.

Hacker de Chapéu Preto:
É aquele que fará mal a você. É mal-intencionado e cria malwares com a intenção de prejudicar sistemas e pessoas. Cria malwares capazes de coletar informações para uso ilícito. Tem bons conhecimentos em arquitetura de software, não tem ética. Invade sistemas e distribui vírus e malwares para adquirir alguma vantagem. Um Hacker de Chapéu Preto inexperiente, normalmente inicia suas atividades como hacker com a intenção de levar vantagens com a prática desta atividade, mas, ele pode se tornar vítima de um Hacker de Chapéu Preto mais experiente, e ser utilizado como "ponte" de crimes ainda maiores.

102 • Segurança da Informação - Ameaças e Controles

Veremos com mais detalhes, mais adiante, como são as atividades de um Hacker de Chapéu Branco, ou mais precisamente, Network Defender.

7.3 - Categoria Defacer

Defacers são indivíduos que utilizam malwares para a invasão de sistemas, unicamente para modificar páginas de sites na Internet ou estragar outros tipos de sistemas. Este tipo de atividade pode ter os mais variados interesses, desde uma simples e errada diversão, como a de alterar informações para adquirir alguma vantagem estratégica ou ilícita.

Os defacers são considerados pichadores digitais, por modificar ou estragar páginas de Internet. Eles alteram o conteúdo das páginas ou incluem informações falsas, causando assim, transtornos não só para os usuários do site, mas também para os administradores que terão que conferir todo o conteúdo, caso não tenham um backup confiável dele, isso após corrigir a falha na segurança.

É um verdadeiro caos se este site tiver um vasto conteúdo, isso sem falar no custo para a correção da falha na segurança do sistema.

Os defacers normalmente acessam bancos de dados mal configurados, ou utilizam keyloggers para capturar senhas administrativas no computador ou e-mail da vítima, para posteriormente modificar as informações contidas nos seus sites. Estas informações irão aparecer no conteúdo do site e poderão ficar lá por muito tempo sem que a vítima perceba.

Por esses e outros motivos, manter dezenas, ou preferivelmente centenas, de backups diários do banco de dados é tão importante.

As modificações realizadas por um defacer podem levar dias para serem descobertas. Então é bom ter backups confiáveis nesta hora.

A rapidez do reparo do conteúdo de um site modificado por um defacer vai depender da qualidade e confiabilidade dos backups. Também pode existir um custo para o reparo da falha, ou vulnerabilidade do sistema, caso ela exista. Se o sistema não estiver vulnerável, é bom verificar a presença de vírus, keyloggers ou outros malwares nos computadores utilizados para a administração do conteúdo do site.

Caso o conteúdo tenha que ser reparado sem a utilização de backups, dependendo do tamanho do site, isso pode levar dias ou meses.

7.4 - Categoria Newbie

O termo newbie refere-se, de um modo geral, a um novato. Usuários de sistemas do tipo newbie, são pessoas que não têm conhecimento suficiente para operar aquele sistema de forma eficaz. Para não receber o título de newbie, não é necessário que o usuário do sistema seja um expert, mas ele precisa saber operar este sistema segundo as exigências.

Um newbie, normalmente é aquele usuário que não sabe realizar as tarefas e sempre busca ajuda. São frases clássicas de um newbie: "me ajuda aqui...", "onde clico...", "não sei...". Um newbie é uma ameaça a um sistema, quando ele tem acesso a informações sigilosas a sua disposição.

Um newbie pode perfeitamente digitar uma senha na frente de uma pessoa estranha, ao ponto dessa pessoa ver quais são os caracteres que estão sendo digitados no teclado. Um newbie pode também fornecer sua senha de acesso do sistema a outra pessoa, para simplesmente obter ajuda em alguma tarefa.

O termo newbie é muito conhecido na Internet, normalmente em salas de jogos on-line. Os newbies em sua maioria são excluídos pelos usuários mais experientes, por prejudicarem, sem querer, o andamento desses jogos.

104 • Segurança da Informação - Ameaças e Controles

Eles podem comprometer um sistema quando conseguem acesso às informações sigilosas, não pela sua própria vontade, mas pela sua inexperiência ou inocência mesmo, que podem deixar um sistema até vulnerável.

Entregar informações importantes nas mãos de um newbie é como pedir a seu filho de quatro anos para abrir sua caixa de e-mail, provavelmente, esta criança iria abrir os links da caixa de entrada, caixa de saída, lixo eletrônico etc. Da mesma forma que um newbie, seu filho de quatro anos não faria isso por mal, apenas por falta de conhecimento.

A falta de conhecimento de um newbie não o impede de comprometer um sistema, mesmo que isso ocorra sem qualquer intenção.

Informações importantes, logins, senhas de acesso, devem estar em mãos de usuários responsáveis e capacitados para utilização de tais recursos no sistema.

7.5 - Categoria Phreaker

O termo phreaker vem da junção das palavras phone e freak, no inglês. Pessoas ligadas a fraudes telefônicas estão enquadradas a este termo.

Um phreaker normalmente encontra falhas em mecanismos e dispositivos telefônicos, para realizar fraudes e levar alguma vantagem.

As vítimas deste ataque são normalmente as empresas telefônicas, que têm algum prejuízo, pequeno na maioria das vezes, por causa das fraudes realizadas por phreakers.

Phreakers têm um bom conhecimento em sistemas de linhas telefônicas e já utilizaram indevidamente códigos secretos para realizar ligações a longas distâncias sem pagar nada. Atualmente, eles ainda atuam na criação de software e hardware para burlar esses sistemas.

Os phreakers já roubaram muitos cartões em telefones públicos, antigamente, através de "rebobinamento" de cartão. Essa prática ocorreu por um tempo, até as empresas telefônicas mudarem o sistema de segurança dos telefones públicos, que eram comuns naquela época.

Os phreakers, normalmente utilizam o seu conhecimento para vender conhecimentos em fraudes, códigos secretos, códigos de acesso e macetes proibidos em sistemas telefônicos.

De um modo geral, um phreaker é um indivíduo com conhecimento em sistemas e aparelhos telefônicos, e utiliza seu conhecimento para fraudar empresas deste ramo.

A preocupação em segurança, fica a cargo destas empresas e das autoridades.

Atualmente, a principal atividade de um phreaker, é a alteração do IMEI (International Mobile Equipment Identity) de aparelhos telefônicos furtados em seus países de origem, para que possam ser vendidos normalmente em outros países.

7.6 - Categoria Cracker

Um cracker é um indivíduo que utiliza seus conhecimentos técnicos em TI para quebrar a segurança ou códigos de sistemas originais. Estes atos são realizados para levar vantagens em relação a algum sistema ou instalar vírus ou trojans para posteriormente, utilizar informações vantajosas para eles.

Os crackers têm habilidades para decodificar. Sua função é "desfazer", ou seja, se um software foi codificado ou criptografado, um cracker irá procurar uma forma de decodificar ou descriptografar aquele software.

Uma das atividades dos crackers, mais conhecidas de um modo geral, é a quebra de códigos de registro de softwares originais, o que dá origem aos softwares piratas. Este software pirata teve seu código modificado para permitir que o usuário não necessitasse de código de registro original para a sua completa instalação.

Existem softwares que geram o código de registro de softwares originais, ou instalam complementos para permitir a autenticação fraudulenta em softwares originais.

Este tipo de produto é desenvolvido por um cracker, que provavelmente teve acesso ao algoritmo de embaralhamento ou criptografia de código do sistema legítimo, desenvolvido pelo fabricante. Isso normalmente não é fácil e na maioria das vezes, conta com informações e acessos privilegiados.

Um cracker também desenvolve vírus e trojans, para buscar informações dos computadores de suas vítimas. Um cracker pode disponibilizar softwares pela Internet, apenas para instalar seus trojans na máquina da vítima, enquanto ela acha que está apenas instalando um software crackeado.

Outra atividade do cracker é criar software de engenharia reversa, ou seja, softwares que irão decodificar sistemas inteiros, disponibilizando seu código-fonte. Observe que o cracker não é o indivíduo que utiliza softwares de engenharia reversa, mas sim, os que criam estes softwares capazes de realizar tal tarefa.

Para se livrar das ameaças de um cracker, procure instalar softwares de sua confiança. Existem muitos softwares alternativos e originais.

7.7 - Categoria Script Kiddie

Os script kiddies são indivíduos que utilizam os programas criados por hackers.

Script kiddie não tem muito conhecimento em sistemas de informação, e utiliza ferramentas que são disponibilizadas por hackers experientes, que muitas vezes, usam os próprios scripts kiddies para realizar suas façanhas mais complexas de forma oculta pela Internet.

Um script kiddie, pelo seu pouco conhecimento em sistemas, se torna uma "preza fácil" para os verdadeiros hackers, os quais vão utilizar os computadores de um script kiddie como hospedeiro para cometer crimes cibernéticos.

Mas pelo fato de um script kiddie não ser um exímio conhecedor de recursos computacionais, isso não quer dizer que ele não seja uma ameaça. Mesmo com pouco conhecimento em sistemas, um script kiddie pode dar prejuízos à suas vitimas, que pode estar com seu sistema vulnerável, visto que um script kiddie invade sistemas mal configurados, utilizando ferramentas de interfaces amigáveis, e muito conhecidas, para assumir o controle remoto de computadores alheios.

A verdadeira intenção de um script kiddie é se "gabar" dos seus feitos, ganhar fama ou lucro com suas operações. E eles ficam realmente famosos entre pessoas ainda mais leigas em computação do que eles!

Mesmo que não visem grandes ganhos, muitos scripts kiddies acabam por cair em um golpe maior, utilizando ferramentas modificadas por crackers, ou ferramentas hackers, as quais ele não sabe o que está obscuro em seu código-fonte. Isso acaba por deixar um script kiddie em uma situação muito pior do que a que ele achava estar entrando.

É incrível como os script kiddies ficam surpresos quando as autoridades lhe apresentam os seus feitos (crimes)... Eles dizem: "mas eu não fiz isso!" Muitas vezes podem não ter feito mesmo, pois tal operação pode ter sido realizada por um hacker, que hackeou um script kiddie, antes mesmo de hackear outro sistema.

108 • Segurança da Informação - Ameaças e Controles

Quando um script kiddie age, ele leva ameaças ainda maiores aos computadores alvos, pois, mesmo sem saber, eles levam recursos que serão explorados por outros hackers muito mais experientes.

7.8 - Categoria Lammer

Ainda menos experiente que um script kiddie, o lammer é um verdadeiro seguidor ou "fã" de hackers e crackers, até mesmo de script kiddies, por não saber que estes últimos estão sendo utilizados por hackers mais experientes, quando utilizam seus programas.

Um lammer é do tipo de indivíduo preguiçoso, pois não busca nem pesquisa qualquer informação, e prefere sempre perguntar alguém com conhecimento hacker ou cracker superior.

Como os scripts kiddies, os lammers são ameaças por utilizar ferramentas hackers, mas ao mesmo tempo, muitas das vezes eles acabam sendo vítimas dos criadores dessas mesmas ferramentas.

Agora, por outro lado, podemos dizer que ninguém nasce hacker.

Um Lammer, se não for tão preguiçoso, ele pode ser, no futuro, um script kiddie ou um hacker.

Um script kiddie, também pode um dia, se tornar hacker.

Mas, tratando-se de um mundo de crimes, é bem possível que a "carreira" de um lammer, ou de um script kiddie se encerre rapidamente, pois o mundo hacker é tão veloz quanto o mundo da Tecnologia da Informação.

E como os crimes hackers trazem prejuízos altíssimos, autoridades estão, o tempo todo, criando ferramentas e recursos para capturar criminosos virtuais. Proprietários de sistemas também criam suas ferramentas para identificar um ataque, e posteriormente, ou automaticamente, denunciar a fraude.

Por isso, lammers, script kiddies e até hackers costumam ter "carreiras" muito curtas no mundo virtual.

Segurança da Informação - Ameaças e Controles

Resumo do Capítulo

Invasão Hacker se refere a ações, que podem ser via software ou não, que resultam em acesso não autorizado a sistemas de computador. A invasão refere-se ao acesso não autorizado, independentemente das consequências desse acesso serem negativas ou neutras. A invasão de sistemas iniciou-se na década de 80 e teve seu crescimento acentuado nas décadas posteriores, dando origem até mesmo a filmes, que levou uma sensação de adrenalina a muitos jovens da época, que encaravam a invasão de sistemas como uma espécie de diversão, o que não é verdade. Isso é muito mais sério do que aqueles jovens pensavam naquela época.

Hacker foi um termo originalmente destinado a pessoas que tinham alta capacidade técnica em TI e que tinham a capacidade e responsabilidade de modificar e melhorar sistemas legítimos e legais. Partindo do conceito inicial, uma comunidade destinada a alterar e melhorar um software legítimo pode ser considerada como uma sociedade de hackers. O problema é que com a adulteração de alguns sistemas por algumas pessoas no início destas atividades, o termo hacker acabou se popularizando para representar programadores mal-intencionados. O MIT (Massachusetts Institute of Technology), onde surgiu o termo hacker, ainda tenta manter este termo na sua definição original, mas eu acredito que para o povo, o termo hacker, sempre será visto como algo do mal. Isto ocorre porque há sempre uma atribuição a delitos virtuais, as pessoas que seriam, supostamente, hackers. O termo hacker, atualmente, está dividido em três seguimentos:

Hacker de Chapéu Branco: É um profissional ligado a Tecnologia e Segurança da Informação. Este profissional não invade sistemas, ele trabalha em empresas com a função de garantir a segurança dos sistemas, contra invasões ou tentativas de acesso por pessoas não autorizadas;

Hacker de Chapéu Cinza: Também tem conhecimentos técnicos em Tecnologia e Segurança da Informação. É um tipo de hacker que não está ligado a nenhuma instituição e tem o costume de invadir sistemas, não para causar algum dano, mas para demonstrar suas habilidades e vender serviços como Hacker de Chapéu Branco. É um tipo de hacker que pode perder prestígio perante as empresas, pois elas não têm confiança na forma com que eles conduzem seus conhecimentos.

Hacker de Chapéu Preto: É aquele que fará mal a você. São mal -intencionados e criam malwares com a intenção de prejudicar sistemas e pessoas. Tem bons conhecimentos em arquitetura de software, não tem ética. Invade sistemas e distribui vírus e malwares para adquirir alguma vantagem. Um Hacker de Chapéu Preto inexperiente, normalmente inicia suas atividades como hacker, com a intenção de levar vantagens com a prática desta atividade, mas, ele pode se tornar vítima de um Hacker de Chapéu Preto mais experiente, e ser "ponte" de crimes ainda maiores.

Defacer é um indivíduo que utiliza malwares para a invasão de sistemas, unicamente para modificar páginas de sites na Internet ou estragar outros tipos de sistemas. Este tipo de atividade pode ter os mais variados interesses, desde uma simples e errada diversão, como a de alterar informações para adquirir alguma vantagem estratégica ou ilícita. Os defacers são considerados pichadores digitais, por modificar ou estragar páginas de Internet.

Newbie refere-se, de um modo geral, a um novato. Usuários de sistemas do tipo newbie são pessoas que não têm conhecimento suficiente para operar aquele sistema de forma eficaz. Para não receber o título de newbie, não é necessário que o usuário do sistema seja um expert, mas ele precisa saber operar este sistema segundo as exigências em cada caso. Um newbie, normalmente é aquele usuário que não sabe realizar as tarefas e sempre busca ajuda. Um newbie pode perfeitamente digitar uma senha na frente de uma pessoa estranha, ao ponto desta pessoa ver quais são os caracteres que estão sendo digitados no teclado. Um newbie pode também fornecer sua senha de acesso do sistema, a outra pessoa, para simplesmente obter ajuda em alguma tarefa. Os newbies podem comprometer

112 • Segurança da Informação - Ameaças e Controles

um sistema quando eles têm acesso às informações sigilosas, não pela sua própria vontade, mas pela sua inexperiência, ou inocência mesmo, que podem deixar um sistema até vulnerável.

Phreaker vem da junção das palavras phone e freak, no inglês. Pessoas ligadas a fraudes telefônicas estão enquadradas a este termo. Um phreaker normalmente encontra falhas em mecanismos e dispositivos telefônicos, para realizar fraudes e levar alguma vantagem.

Cracker é um indivíduo que utiliza seus conhecimentos técnicos em TI para quebrar a segurança ou códigos de sistemas originais. Este ato é realizado para levar vantagens em relação a algum sistema ou instalar vírus ou trojans para, posteriormente, utilizar informações vantajosas para eles. Os crackers têm habilidades para decodificar. Sua função é "desfazer", ou seja, se um software foi codificado ou criptografado, um cracker irá procurar uma forma de decodificar ou descriptografar aquele software. Uma das atividades dos crackers mais conhecida, de um modo geral, é a quebra de códigos de registro de softwares originais.

Script Kiddie é um indivíduo que utiliza os programas criados por hackers. Script kiddies não têm muito conhecimento em sistemas de informação, e utilizam ferramentas que são disponibilizadas por hackers experientes, que em muitas vezes, utilizam os próprios script kiddies para realizar suas façanhas mais complexas de forma oculta pela Internet.

Lammer é um verdadeiro seguidor ou "fã" de hackers e crackers, até mesmo de script kiddies, por não saber que estes últimos estão sendo utilizados por hackers mais experientes, quando utilizam seus programas. Como os script kiddies, os lammers também são ameaças por utilizar ferramentas hackers, mas ao mesmo tempo, muitas vezes eles acabam sendo vítimas dos criadores dessas mesmas ferramentas.

Capítulo 8

Segurança Física da Informação

8.1 - Controle de Acesso Local

O controle de acesso local pode parecer um dos mais primitivos meios de impedir que uma pessoa não autorizada acesse um determinado sistema. Este controle refere-se em manter um ambiente, onde os computadores estão localizados, livre de acessos de pessoas que não irão acrescentar meios produtivos e seguros ao sistema. Mas isso é muito mais complexo do que parece.

O controle de acesso local de um sistema deve garantir que uma sala, prédio ou qualquer outro meio físico que está sendo utilizado para manter os computadores do sistema, sejam acessados apenas por pessoas autorizadas, que irão executar algum tipo de serviço ou tarefa nestes computadores, que estejam dentro do previsto pelos administradores da empresa.

Antigamente, quando os computadores trabalhavam individualmente, manter controle de acesso local ao meio físico onde os computadores estavam localizados poderia ser o suficiente para manter a segurança da informação nesses computadores. Atualmente, com a vasta utilização de redes de computadores, a segurança lógica também faz parte desta segurança.

Em sistemas onde a segurança lógica é muito forte, indivíduos poderão procurar brechas para conseguir um acesso físico local. Manter um controle eficaz de aces-

114 • Segurança da Informação - Ameaças e Controles

so local, identificando cada pessoa que terá acesso aos computadores da empresa, é muito importante para a segurança dos sistemas. Os sistemas de computação estão cada vez mais complexos, e portando cada vez mais informações de seus usuários.

Mas como manter um acesso local devidamente seguro? Veja algumas dicas necessárias para este controle:

Mantenha uma Equipe Confiável:
Sistemas possuem dados importantes, e não podem estar confiados a qualquer pessoa, por isso, é importante que a empresa que mantém o sistema, tenha uma equipe de manutenção conhecida por todos os usuários. Ter equipe conhecida, ainda não é o suficiente. Também será necessário controle de identificação constante de quem vai dar manutenção no sistema. Não é qualquer pessoa, por utilizar um uniforme ou crachá, que pode colocar um pen drive em um computador da empresa. É necessária a identificação de cada pessoa que terá acesso aos computadores, assim como a identificação dos seus respectivos cargos na empresa.

Proteja Dados Confidenciais:
Se for necessária alguma manutenção no sistema, é preferível que o serviço seja feito no local. Ao contratar alguém para realizar alguma manutenção nos sistemas, é importante contratar profissionais especializados e não permitir que discos rígidos, que normalmente têm dados importantes e sigilosos, saiam do local da sua empresa. Discos rígidos que contêm dados importantes não devem ficar na mão de terceiros. Caso seja necessário efetuar alguma operação de manutenção nos discos rígidos, isto deve ser feito localmente e na presença de uma pessoa com conhecimentos em TI, e de sua confiança.

Controle os Acessos:
Permitir acesso externo ao sistema apenas a pessoas devidamente autorizadas. Isto significa não fornecer senhas a empresas de terceiros que permitirão acesso exter-

Capítulo 8 Segurança Física da Informação • 115

no ao sistema, via rede ou Internet, caso esta empresa venha realizar algum serviço de manutenção no sistema localmente. Caso seja necessário o fornecimento de login a empresas de terceiros, em caso de algum serviço de manutenção, oferecer apenas senhas que serão expiradas após o serviço de manutenção estar totalmente realizado.

8.2 - Para-raios

Talvez, podemos imaginar que para-raios não têm nada a ver com Segurança da Informação. Agora, imagine um sistema que é fortemente seguro nos requisitos de segurança física, local e lógica, sendo totalmente destruído por um raio que caiu na rede elétrica, durante um temporal. Uma descarga elétrica de um raio pode facilmente colocar abaixo toda essa "fortaleza", juntamente com todo o sistema, levando junto todos os seus dados.

É de extrema importância manter computadores em locais onde existem para-raios eficazes, testados e aprovados pelos órgãos competentes. Imagine um grande Data Center localizado em uma região montanhosa, sem nenhum para-raios eficiente por perto, e sem backups em locais seguros. Poderá ser só uma questão de tempo, para que todo o equipamento, sistemas e dados sejam consumidos por uma descarga elétrica, em dias de temporal de uma Natureza mais que inspirada.

Servidores normalmente estão ligados 24 horas por dia, em dias secos ou de umidade alta, com bom ou mau tempo. Estes sistemas devem estar sempre disponíveis, quando seus usuários necessitarem de acesso. Para disponibilizar sistemas, computadores e servidores de Internet, é bom que empresas primeiramente levem em conta a necessidade de manter esses sistemas em local seguro, evitando assim, catástrofes e destruição dos mesmos.

Data Centers, normalmente, possuem mais de um local de armazenamento de dados trabalhando e compartilhando informações simultaneamente, com redun-

116 • Segurança da Informação - Ameaças e Controles

dância de dados. Estes sistemas são chamados de Cloud Computing. Os atuais sistemas de Computação em Nuvem funcionam assim.

Descargas elétricas em dias de temporal possuem a fama de causar estragos catastróficos em equipamentos elétricos e eletrônicos desprotegidos. Então, mantenha computadores em locais totalmente protegidos com para-raios eficientes, testados e aprovados por órgãos competentes, para evitar o risco de perder todo o equipamento, além dos dados, caso não tenham backups armazenados em outros locais.

Isto ajudará a proteger seu equipamento, e dados, caso alguma descarga elétrica venha ocorrer próxima da sua rede elétrica.

8.3 - Estabilizadores Elétricos

Os computadores são equipamentos que necessitam de corrente elétrica estabilizada. Uma corrente elétrica estabilizada é aquela cujo valor de tensão não varia, ou seja, é estável.

A tensão de uma corrente elétrica, ou mais comumente conhecida como voltagem, representa os valores entre os terminais positivo e negativo da rede elétrica.

Com as redes elétricas atuais, este valor de tensão pode variar durante o funcionamento dos aparelhos, mesmo que em valores mínimos, elas podem fazer com que alguns equipamentos trabalhem de forma irregular. Como um computador é um aparelho que necessita de uma corrente elétrica estável, ou seja, sem variações na tensão elétrica e intensidade constante, eles devem sempre ser ligados em um estabilizador de corrente elétrica apropriado.

Os estabilizadores de corrente elétrica são os aparelhos responsáveis em corrigir as variações que podem surgir na rede elétrica, fornecendo recursos para efetuar a correção automaticamente, manter a intensidade da corrente constante, conforme o necessário, para garantir um fornecimento de energia estável aos computadores.

Ligar computadores diretamente na tomada pode danificá-los rapidamente. Os estabilizadores de tensão elétrica vendidos no Brasil são muito eficientes e têm um custo muito acessível, pois há vários fabricantes no mercado.

Mantenha seus computadores ligados em estabilizadores elétricos apropriados. Lembre-se que os estabilizadores de tensão elétrica são os aparelhos responsáveis em fornecer uma alimentação adequada, estável e segura ao seu equipamento.

Veja na figura 8.1 um exemplo do uso de estabilizador elétrico em um PC (Personal Computer / Computador Pessoal):

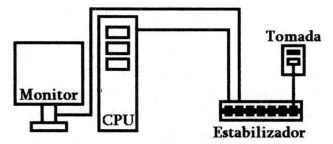

Figura 8.1 – Uso de um estabilizador elétrico

Como podemos observar, os estabilizadores estão conectados à tomada da energia elétrica com o objetivo de estabilizar a tensão para o computador.

Este aparelho deverá garantir a qualidade da tensão elétrica para manter o bom funcionamento do equipamento.

8.4 - Filtros Elétricos

Enquanto os estabilizadores de tensão elétrica controlam e mantêm a tensão da corrente elétrica estabilizada, os filtros elétricos, comumente conhecidos de filtros de linha, corrigem a frequência desta corrente.

Uma corrente elétrica pode ser contínua ou alternada. A corrente elétrica de fluxo contínuo, está "fluindo" em uma única direção, ou seja, sempre de um polo positivo para um polo negativo. A corrente alternada é exatamente o contrário da corrente contínua, ela alterna a sua direção ciclicamente, ela não possui polos definidos, pois eles alternam em cada ciclo, que é definido por uma frequência.

Os filtros de linha foram criados exatamente para corrigir a frequência da corrente elétrica, permitindo que ela esteja sempre estável, ou seja, sem alterações constantes.

Manter a alternância da corrente estável é muito importante para garantir que qualquer aparelho elétrico funcione sem problemas.

A maioria dos aparelhos elétricos, incluindo os estabilizadores, possui seus próprios filtros de linha, mas caso queira adquirir um filtro para incluí-lo entre sua rede elétrica e o seu aparelho estabilizador, também será útil para garantir que a frequência da corrente alternada fornecida pela companhia elétrica esteja em conformidade com as especificações técnicas esperadas, pois é normal que esta tensão sofra alguma variação na rede. Veja um exemplo na figura 8.2:

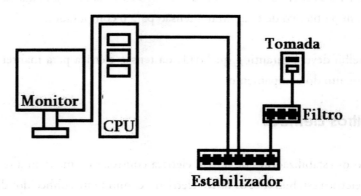

Figura 8.2 – Uso de um filtro elétrico

8.5 - Nobreaks

Como o próprio nome diz, os nobreaks surgiram para impedir breaks, ou seja, quebras repentinas na alimentação elétrica.

Os nobreaks são aparelhos elétricos capazes de armazenar energia elétrica enquanto a corrente elétrica está funcionando normalmente. Esses aparelhos são fabricados para armazenar energia elétrica, normalmente com o uso de baterias, e fornecer energia extra necessária para manter o equipamento ligado, por um certo período de tempo (mais comumente entre 30 ou 40 minutos), após a queda da rede elétrica.

Os nobreaks normalmente são fabricados para serem utilizados no fornecimento de energia elétrica a computadores, em caso de quebra do fluxo de corrente elétrica na rede convencional. Eles devem ficar ligados constantemente para garantir que a energia não vá faltar, por um tempo determinado, enquanto ela não estiver disponível na rede elétrica.

Os nobreaks fornecem energia extra por um tempo determinado, que pode ser de horas ou minutos, isso vai depender da sua capacidade de armazenamento, e da quantidade de computadores, ou outros aparelhos, conectados a ele.

A maior função de um nobreak é permitir que o usuário do computador salve seus documentos e desligue o equipamento com segurança, em caso de falta de energia elétrica. Também será muito útil se fornecer tempo suficiente para a realização de alguma tarefa de urgência.

Utilize nobreaks caso você tenha a necessidade e prioridade de manter seus computadores livres de uma quebra repentina de energia elétrica.

Os nobreaks poderão lhe fornecer tempo suficiente para realizar "aquela tarefa de

120 • Segurança da Informação - Ameaças e Controles

urgência", além de permitir, o que é ainda mais importante, desligar o equipamento com segurança e sem perda de dados.

8.6 - Aterramentos

Este é um dispositivo que muitas das vezes, por falta de conhecimento dos usuários de computadores, não foi utilizado como item básico na preparação das redes elétricas, utilizadas como fontes de alimentação de computadores.

A falta de uso de aterramentos elétricos, já causou muitas falhas em variados dispositivos elétricos, tudo isso porque eles são essenciais para manter o equilíbrio elétrico dos equipamentos.

Em dispositivos elétricos, mesmo com a utilização de estabilizadores de tensão, é comum que seja necessário realizar uma descarga elétrica, dos pontos de "escoamento" do excesso de corrente elétrica destes aparelhos.

Normalmente, qualquer aparelho elétrico possui pontos de aterramento, normalmente até as carcaças dos aparelhos são aterradas, para evitar que seus circuitos adquiram influência de ruídos de algum campo magnético externo. Isso explica porque aparelhos não aterrados podem descarregar eletricidade na pessoa que os opera, causando um "choque" elétrico.

O sistema de aterramento de aparelhos elétricos funciona da seguinte forma:

*   Pontos de aterramento eletrônicos são ligados na carcaça do aparelho;
*   A carcaça do aparelho é ligada ao sistema de aterramento externo.

O principal item de aterramento de uma rede elétrica é a haste de cobre, ou várias delas, normalmente fabricadas para este fim, com comprimento em torno de 1,80 metros. Esta haste deve ser totalmente fixada no chão, onde deverá estar protegida

Capítulo 8 Segurança Física da Informação • 121

por uma caixa de aterramento apropriada. Esta haste deve estar ligada ao ponto de aterramento do equipamento, em nosso caso, o computador.

Aterramentos com uma única haste são destinados a um único computador. Caso queira aterrar mais computadores, você terá que ter uma malha de aterramento com no mínimo 3 hastes.

Os aterramentos são necessários porque, muitos equipamentos elétricos têm sua carcaça ligada ao ponto de aterramento interno deste aparelho. Caso este aterramento não exista, ou seja, os pontos de aterramento internos não sejam ligados a Terra, o excesso de corrente elétrica que está na carcaça do equipamento, poderá ser descarregada na pessoa que está operando este equipamento, o qual, também poderá apresentar defeitos por causa destas descargas não aterradas.

Um computador sem aterramento compromete todo o sistema, pois peças desse computador começarão a ter problemas, por causa do excesso de energia elétrica que ficará "circulando" nas carcaças deste aparelho. E como sabemos, peças de computador queimadas, serão o suficiente para parar todo o sistema que depende totalmente deste computador, causando dias de produção perdidos, por causa de problemas que poderiam ser facilmente evitados com a instalação de um aterramento apropriado. Isso sem falar que os prejuízos poderão ser dezenas ou centenas de vezes maiores que o custo da instalação do sistema de aterramento.

Consulte um profissional especializado para realizar um projeto de aterramento para seus computadores, em caso de apenas um computador, uma haste de cobre será o suficiente, mas mesmo assim, um profissional experiente no assunto deve ser consultado para a sua instalação.

O importante é lembrar que um computador deve possuir um aterramento apropriado, instalado e testado por pessoa ou empresa competente e devidamente experiente no assunto, para que este computador possa estar funcionando em suas condições normais, sem descarregar choques elétricos em seus usuários e sem riscos de derrubar todo o sistema, por causa de falhas em seus dispositivos elétricos.

Veja um exemplo de aterramento na figura 8.3:

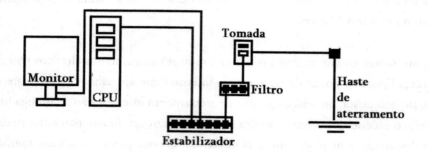

Figura 8.3 – Exemplo de aterramento elétrico

8.7 - Backup na Nuvem

Manter backups do sistema no mesmo local onde se encontram os seus arquivos de banco de dados, poderá ser útil apenas no caso de recuperação de dados e não de equipamentos. É importante saber que manter uma segurança física no sistema é muito importante, mas precisamos ter um "plano B", caso alguma falha aconteça na segurança física ou eventual perda de equipamentos.

Vamos analisar algumas situações que podem acarretar em perda definitiva do banco de dados do sistema:

- Incêndio;
- Roubo de máquinas e equipamentos;
- Raios;
- Sobrecarga elétrica;
- Inundações;

Capítulo 8 Segurança Física da Informação • 123

- Terremotos;
- Guerras;
- Outras situações.

Algumas das situações citadas parecem um exagero, mas são reais em vários países. Imagine um servidor de banco de dados localizado em um país com constantes conflitos de Guerra ou atentados terroristas. Este servidor deverá manter backups de seus sistemas em servidores de backups localizados em outros países ou continentes, e isso vale para qualquer lugar ou região onde o banco de dados se encontra.

Estes exemplos foram citados para mostrar a importância de manter os dados de um sistema livres de perda total, em um ponto de vista empresarial. Voltando a situação atual de nosso país, roubos, incêndios, inundações são casos muito possíveis de acontecer em qualquer cidade.

Manter backups do sistema em computadores seguros e à distância, é sempre necessário, para garantir que os dados estejam salvos de qualquer avaria.

É importante lembrar que para manter backups dos sistemas em computadores localizados em local diferente do local de origem, algumas medidas de segurança devem ser observadas para garantir o sigilo e segurança destes dados. Veja quais são as ações mínimas necessárias para garantir o sigilo nos dados:

- Manter os backups em servidores confiáveis;
- Manter o sigilo dos backups;
- Confiar a realização dos backups a pessoas altamente capacitadas;
- Usar criptografia para impedir acesso por pessoas não autorizadas.

Backup na Nuvem é uma operação de backup realizada em servidores remotos. Esta técnica é chamada de Computação em Nuvem, no inglês, Cloud Computing. Atualmente, os maiores Data Centers já utilizam servidores espalhados em vários continentes, interconectados, e com redundância de dados, para garantir a persistência dos dados em qualquer situação.

Esta operação de backup deve obedecer aos quesitos de segurança necessários para que backups não fiquem disponíveis a pessoas não autorizadas ao acesso dos dados. O backup deve ser uma solução para a empresa, em caso de necessidade de recuperação de dados e não um problema para o futuro. Por isso, devemos manter sigilo e criptografia de dados sempre, com senhas seguras.

Realizar backups em sistemas de Computação em Nuvem próprios, também pode ser uma solução, desde que estes servidores sejam seguros nos quesitos de segurança de rede e em todos os outros requisitos de segurança relacionados ao acesso e localização. O importante é que os dados dos backups possam ser acessados apenas por pessoas autorizadas. Veja um exemplo de backup na Nuvem na figura 8.4:

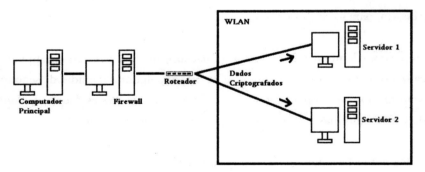

Figura 8.4 – Um exemplo de Backup na Nuvem

Resumo do Capítulo

- O controle de acesso local de um sistema deve garantir que uma sala, prédio ou qualquer outro meio físico que está sendo utilizado para manter os computadores do sistema seja acessado apenas por pessoas autorizadas, que irão executar algum tipo de serviço ou tarefa nesses computadores, que estejam dentro do previsto pelos administradores da empresa.

- É de extrema importância manter computadores em locais onde existem para-raios eficazes, testados e aprovados pelos órgãos competentes, pois sistemas devem estar sempre disponíveis para quando seus usuários necessitarem de acesso, independentes de bom ou mau tempo.

- Os estabilizadores de corrente elétrica são os aparelhos responsáveis em corrigir as variações que podem surgir na rede elétrica, fornecendo recursos para efetuar a correção automaticamente, manter a intensidade da corrente constante, conforme o necessário, para garantir um fornecimento de energia estável aos computadores.

- Enquanto os estabilizadores de tensão elétrica controlam e mantêm a tensão da corrente elétrica estabilizada, os filtros elétricos, comumente conhecidos de filtros de linha, corrigem a frequência desta corrente. Os filtros de linha foram criados exatamente para corrigir a frequência da corrente elétrica, permitindo que ela esteja sempre estável, ou seja, sem alterações constantes.

- Os nobreaks são aparelhos elétricos capazes de armazenar energia elétrica enquanto a corrente elétrica está funcionando normalmente. Esses aparelhos são fabricados para armazenar energia elétrica, normalmente com o uso de baterias, e fornecer energia extra necessária para manter o equipamento ligado, por um certo período de tempo (mais comumente entre 30 ou 40 minutos), após a queda da rede elétrica.

- Aterramentos são pontos de descarga elétrica, fixados no chão, conduzido por hastes de cobre de 1,80 metros, ou mais. Os aterramentos são necessários para o bom funcionamento de aparelhos elétricos e eletrônicos.

- Backup na Nuvem é uma operação de backup realizada em servidores remotos. Esta técnica é chamada de Computação em Nuvem, no inglês, Cloud Computing. Atualmente, os maiores Data Centers já utilizam servidores espalhados em vários continentes, interconectados, e com redundância de dados, para garantir a persistência dos dados em qualquer situação.

Capítulo 9

Segurança Lógica da Informação

9.1 - Segurança Lógica

Existem requisitos de segurança que não podem faltar em sistemas de informação. Esses requisitos são necessários tanto para manter a integridade dos dados, como para garantir que esses dados não sejam extintos em algum momento, por alguma falha no sistema ou nos dispositivos de armazenamento de dados.

Novas técnicas e tecnologias são criadas ao longo dos anos, na medida em que é necessário oferecer solução mais eficiente na segurança da informação. Com o passar dos anos e com a evolução dos sistemas, essas técnicas podem mudar, ou ampliar, para atender às necessidades em segurança de cada época.

Controles não estão fora deste contexto, visto que para manter a segurança, um sistema nunca deve operar sem o devido controle, que irá garantir futuras estratégias no combate a algum tipo de malware que possa vir causar alguma falha no sistema. Manter o controle de todo o sistema, principalmente no acesso aos dados, é o que o manterá seguro e longe de falhas.

O controle deve ser constante e dinâmico, sempre em busca de intrusos na rede de computadores, evitando que tais intrusos possam executar com sucesso, algum tipo de ataque, com o intuito de extinguir ou obter informações.
Atualmente não se sabe definir qual das duas situações poderia ser pior, se é a de

fornecer informações a pessoas erradas, ou se é a de perdê-las para sempre, por falha de segurança, equipamentos, furtos ou sequestro de dados.

Como a perda de um banco de dados pode causar inúmeros prejuízos, ou até mesmo inviabilizar um negócio, é bom se pensar em segurança lógica da informação, e buscar as medidas necessárias para garantir esta segurança em todos os sistemas.

Vamos então verificar as principais estratégias para que um sistema esteja operando em segurança, com planos e rotinas capazes de permitir que os dados sejam novamente disponibilizados em caso de problemas por conta de algum vírus ou malware de ataques hackers.

9.2 - Network Defender

Com os riscos constantes de ataques a sistemas em redes de computadores, as redes necessitam de profissionais dedicados para diminuir os riscos, mas sempre na tentativa de extingui-los, mesmo que seja difícil.

Defender um sistema em rede, contra ataques externos e internos, diminui os riscos de ter problemas futuros com a perda ou roubo de dados ou informações sigilosas e importantes. Porém, o principal de tudo é evitar que prejuízos aconteçam por causa de uma falha na segurança dos dados.

Falhas na segurança de redes existem, até mesmo em sites que se denominam seguros ou com longas datas a serviço de seus usuários. Por esses e outros motivos, as empresas precisam investir em profissionais da área de segurança para manter seus sistemas ainda mais seguros.

Manter um sistema seguro não é tarefa para dias especiais, mas para todos os dias. Um sistema é dinâmico e pode oferecer falhas ou brechas que não existiam em

Capítulo 9   Segurança Lógica da Informação   • 129

versões anteriores, bastando para isso, a inclusão de um novo recurso que ofereça uma nova possibilidade ou vulnerabilidade. É bom lembrar que a segurança não deve estar voltada exclusivamente para o ambiente externo, visto que o ambiente interno, entre usuários credenciados, também precisa ser sempre monitorado.

Network Defender é todo profissional dedicado à defesa contra todo o tipo de ataque em uma rede de computadores e todos os seus recursos, incluindo softwares e dados.

Um Network Defender deve ser um profissional com ótimas habilidades em arquiteturas de sistemas, redes de computadores, hardware, eletrônica, programação e software, para ter conhecimento necessário para criar e utilizar estratégias para manter um sistema altamente seguro.

A defesa de um sistema começa pelo sistema operacional, pois as ferramentas de ataque normalmente utilizam muitos recursos do sistema para derrubar a segurança. Mas não é somente a fragilidade do sistema operacional a responsável pelos ataques nos sistemas, pois softwares mal configurados também podem oferecer brechas para ataques, e muitos hackers utilizarão alguma metodologia simples e padrão, para formular grandes ataques.

Um Network Defender é um profissional que deve ter o perfil de manter-se sempre atualizado, pois a criatividade dos hackers nunca para de crescer.

É importante lembrar que atualmente nada garante segurança total de sistemas, mas a busca da segurança total deve existir sempre!

O uso correto das estratégias a seguir, poderá contribuir para que você tenha uma boa linha de defesa contra ataques externos e internos, mas como eu já disse nada é garantido diante da dinâmica dos ataques existentes.
Este livro foi escrito para lhe fazer pensar mais em segurança. Mas a busca desta segurança vai depender mesmo é de você.

130 • Segurança da Informação - Ameaças e Controles

A busca de segurança deve ser constante, pois os ataques podem ocorrer a qualquer momento, e normalmente, ocorrem quando você menos espera.

9.3 - Backups Seguros

A primeira atitude a se tomar para garantir que os dados de sistemas sejam recuperados, em caso de problemas internos ou qualquer tipo de falha ou riscos de perdas de dados no sistema, é a realização contínua de backups.

Backups são cópias autênticas dos dados do sistema. Eles devem estar disponíveis a qualquer momento. A recuperação de dados de um sistema deve ser eficiente, pois nos dias atuais, se levar dias para recuperar uma base de dados, pode causar muitos problemas aos usuários do sistema e prejuízos à empresa.

Para que a recuperação dos dados seja rápida, deve ser elaborado um esquema de backup eficiente, projetado especialmente para garantir uma recuperação rápida e segura, quando necessário.

Os backups devem ser realizados em ferramentas apropriadas e por pessoas altamente capacitadas para realizar tal tarefa. Os Sistemas de Gerenciamento de Banco de Dados (SGBDs) possuem suas próprias ferramentas, para a realização dos backups dos dados de sistema. Consulte o manual do seu SGBD e veja qual a melhor forma de realizar os backups de seu sistema.

Você pode realizar os backups por ferramentas dos SGBDs, ou por ferramenta apropriada para backups na Nuvem (Computação em Nuvem).

Seja backups manuais (assíncronos) ou sincronizados (em tempo real) o importante é que estes backups estejam armazenados em local seguro, de preferência em servidor remoto próprio, ou fornecido por empresas confiáveis.

Capítulo 9   Segurança Lógica da Informação   •   **131**

Existem vários tipos de ferramentas para a realização de backups, mas o mais importante é que esses backups sigam as características a seguir:

- Seja realizado por ferramenta de backup apropriada;
- Esteja compactado e criptografado;
- Esteja armazenado em mais de um computador distinto;
- Esteja armazenado localmente e remotamente (na Nuvem);
- Esteja em um formato de rápida recuperação;
- Esteja disponível dezenas ou centenas de backups anteriores.

9.4 - Senhas Seguras

É importante manter login no sistema com senhas que expiram regularmente. O administrador do sistema deve disponibilizar senhas para usuários, permitindo acesso a suas pastas, apenas. Usuários comuns do sistema não devem ter acesso a pastas do sistema ou pastas que têm informações administrativas e confidenciais.

As senhas devem ter no mínimo 10 dígitos e utilizar caracteres alpha, números e caracteres especiais. Isso deve ser exigido pelo administrador do sistema.

Para a realização de qualquer manutenção no sistema, por terceiros, as senhas disponibilizadas a eles devem ser temporárias, exclusivas para manutenção, excluídas do sistema após a realização do serviço.

O serviço de manutenção não deve ter acesso, ao menos que seja extremamente necessário, a pastas que contêm informações administrativas e sigilosas do sistema.

As senhas são de sigilo, e todos os grupos de usuários do sistema devem saber disso. É muito comum ataques a sistemas através de senhas vulneráveis, por isso, não deve ser permitido a inclusão de senhas óbvias ou que estão no dicionário de uma língua qualquer, também por isso, números e caracteres especiais devem ser exigidos para cada senha no sistema.

132 • Segurança da Informação - Ameaças e Controles

Ataques através de senhas vulneráveis, como a data de nascimento, por exemplo, é um dos ataques mais comuns. Ataques e confusões poderão acontecer, caso o administrador da rede permita que esse tipo de senha seja incluído no sistema.

Controlar senhas de usuários e registrar todas as operações realizadas por eles é um princípio básico de controle de redes de computadores, e deve ser constante, para se ter um sistema seguro.

Veja na tabela a seguir, alguns exemplos de senhas equivalentes. As senhas que estão na coluna da esquerda são senhas vulneráveis. As senhas localizadas na coluna da direita são senhas equivalentes, mas por utilizar os requisitos de segurança de senhas, são exemplos de senhas seguras para sistemas.

Senhas Equivalentes	
Senha Vulnerável	**Senha Segura**
25041990	25%de990
123456	123_AS56
654321	01_%$d21
123654	%12ma#54

Observe que as senhas seguras, que estão à direita da tabela, são senhas fáceis de se lembrar, mas são senhas seguras por utilizar informações truncadas, difíceis de ser identificadas por qualquer pessoa, e por utilizar caracteres alpha, números e caracteres especiais, não permitirão que softwares sejam capazes de decifrar essas senhas por tentativa e erro.

Uma coisa importante a se fazer é nunca utilizar para uma senha, uma palavra simples que se encontra em um dicionário. Como os softwares conseguem processar informações em uma velocidade gigantesca, um software pode descobrir uma senha facilmente somente tentando os nomes de um dicionário. Por exemplo, se uma senha for a palavra "nuvem", um software a descobrirá facilmente, pois é uma palavra que está no dicionário da língua portuguesa, e vasculhar nomes de dicionários em caixas de login e senha, para um software, é moleza.

A maioria dos sistemas é bloqueado quando se faz várias tentativas de login e senha, mas, mesmo assim, é bom utilizar todos os requisitos de segurança para nomes de senha, pois não se sabe qual sistema tem ou não esta segurança.

9.5 - Criptografia Segura

A criptografia consiste em pegar uma informação e transformá-la em um conjunto de dados ilegíveis. Isto se faz com o uso de algoritmos de criptografia.

A função básica de uma criptografia é impedir que informações possam ser lidas ou interpretadas por pessoas não autorizadas, que, por uma eventual situação, teve posse dos dados criptografados.

As criptografias são utilizadas em vários segmentos na TI (Tecnologia da Informação), veja os principais deles:

- Códigos fontes de programas;
- Bancos de dados;
- Documentos;
- Pacotes de comunicação.

Os pacotes são sequências de dados que trafegam em uma rede de computadores. Um pacote sem criptografia trafegando pela Internet, por exemplo, é uma chance para aqueles que queiram interceptar, e usar, esses dados que trafegam na rede. Mas nem tudo na rede deve ou precisa ser criptografado. Veja alguns exemplos de dados que necessitam de criptografia em uma rede de computadores:

134 • Segurança da Informação - Ameaças e Controles

- Códigos-fontes;
- Logins;
- Senhas;
- Dados de formulários.

Um algoritmo de criptografia, para ser seguro, deve utilizar uma chave privada, ou seja, um valor que será utilizado para compor os dados criptografados. A chave influenciará diretamente no embaralhamento dos dados, permitindo assim que pessoas que tenham conhecimento do algoritmo de criptografia, mas não tenham em mãos a chave privada, não consigam decifrar ou descriptografar os dados.

Mantenha os dados no banco de dados sempre criptografados. Transmita informações sigilosas na rede sempre com o uso de criptografia.

Os formulários disponíveis em páginas pela Internet, e até pela Ethernet (Rede Local), devem enviar dados criptografados. Para cada caso, existem softwares ou rotinas em programas apropriados, para realizar tais operações.

Lembre-se de sempre utilizar criptografia de chave privada.

Utilize palavras ou frases não óbvias, para a chave privada.

Utilize em uma chave privada, as mesmas recomendações para a criação das senhas, pois a sua chave será a "senha mestre" utilizada para a criptografia dos dados, e até quem tiver posse do algoritmo de criptografia e esteja tentando, mesmo que sem permissão, descriptografar os dados, não poderá conseguir sem o conhecimento da chave privada.

9.6 - Limitando Informações na Rede

Informações de um banco de dados local, não devem ser totalmente disponibilizadas em uma rede pública. Para nossos exemplos, vamos imaginar situações em

Capítulo 9 Segurança Lógica da Informação • 135

escolas de um modo geral:

Atualmente, qualquer escola necessita disponibilizar de forma on-line, informações de alunos na Internet.

Estas informações a serem disponíveis, que não são todas as informações referentes aos alunos, devem estar em um servidor de banco de dados exclusivo, que conterá estas informações pela Internet.

As informações a serem disponibilizadas devem estar somente relacionadas a notas, faltas, ou outras atividades do cotidiano de interesse dos alunos e/ou pais, mas nunca informações de cadastros, dados financeiros, dados pessoais, ou qualquer outra informação sigilosa restrita à comunidade em geral, mesmo havendo restrições com login e senha.

Quando falo em estar disponível, não estou falando apenas em relação às páginas, mas também ao banco de dados relacionado às páginas de Internet.

O servidor de banco de dados que contém informações de cadastros, mensalidades, valores, contas bancárias, informações contábeis entre outras de relevâncias sigilosas, devem estar disponíveis em rede interna, apenas, com acesso aos dados somente para pessoas autorizadas.

Este servidor interno deve ter rotinas automáticas para publicar somente informações limitadas e necessárias nos outros servidores de banco de dados, que estarão relacionados às páginas de Internet, para permitir maior segurança nos dados. Lembrando que os dados que irão trafegar na rede devem estar criptografados.

Jamais utilize apenas um servidor de banco de dados e não disponibilize informações sigilosas, mesmo que não sejam visualizadas nas páginas de Internet.
Siga sempre as recomendações de backups para ambos os servidores.

Resumo do Capítulo

- Network Defender é todo profissional dedicado à defesa contra todo o tipo de ataque em uma rede de computadores e todos os seus recursos, incluindo softwares e dados. Um Network Defender deve ser um profissional com ótimas habilidades em arquiteturas de sistemas, redes de computadores, hardware, eletrônica, programação e software, para ter conhecimento necessário para criar e utilizar estratégias para manter um sistema altamente seguro.

- A primeira atitude a se tomar para garantir que os dados de sistemas sejam recuperados, em caso de problemas internos ou qualquer tipo de falha ou riscos de perdas de dados no sistema, é a realização contínua de backups que são cópias autênticas dos dados do sistema. Eles devem estar disponíveis a qualquer momento. Para que a recuperação dos dados seja rápida, deve ser elaborado um esquema de backup eficiente, projetado especialmente para garantir uma recuperação rápida e segura, quando necessário.

- Senhas devem ser seguras para garantir segurança de acesso aos sistemas. Elas precisam ter no mínimo 10 dígitos e utilizar caracteres alpha, números e caracteres especiais. Isso deve ser exigido pelo administrador do sistema.

- A criptografia consiste em pegar uma informação e transformá-la em um conjunto de dados ilegíveis. Isto se faz com o uso de algoritmos de criptografia. A função básica de uma criptografia é impedir que informações possam ser lidas ou interpretadas por pessoas não autorizadas, que por uma eventual situação, teve posse dos dados criptografados.

- Informações de um banco de dados local, não devem ser totalmente disponíveis em uma rede pública. Jamais utilize apenas um servidor de banco de dados, não disponibilize informações sigilosas, mesmo que estas não sejam visualizadas nas páginas de Internet.

Capítulo 10

Segurança por Dispositivos Físicos

10.1 - Dispositivos Físicos

Os primeiros meios de segurança na informação são os meios físicos. Eles são os primeiros a serem configurados para implementar uma segurança eficiente em uma rede de computadores.

Os meios físicos que serão abordados, logo a seguir, são os dispositivos elétricos e eletrônicos envolvidos em uma rede de computadores.

Para manter a segurança em uma rede de computadores, alguns cuidados devem ser observados e implementados para que um conjunto de ações permita uma maior segurança no sistema.

Manter a segurança da informação não é fácil, por isso não podemos contentar com medidas únicas, mas todas as medidas possíveis devem ser implementadas para garantir maior segurança.

Implantar várias medidas de segurança resulta em um sistema forte, contra possíveis ataques e invasores.

Para ter sistemas seguros é necessário tomar várias medidas, que somadas, acabam resultando em uma grande ação. É importante que sempre se busque

138 • Segurança da Informação - Ameaças e Controles

a revisão das ações, a implementação de novas ações e o aperfeiçoamento das ações já implementadas. Isso permitirá que o sistema esteja sempre preparado para resistir às adversidades que possam ocorrer, seja em uma antiga ou nova modalidade

Invasores normalmente preferem sistemas frágeis, a não ser que seja objetivo desse invasor entrar em um sistema específico.

Vamos então, logo a seguir, conhecer como funcionam as redes de computadores atuais, segundo os padrões adotados para o funcionamento integrado dos dispositivos de rede.

10.2 - O Modelo OSI

O modelo OSI (Open Systems Interconnection) é um padrão mundial de interconexão de computadores. Este padrão foi adotado na década de 1980, para evitar incompatibilidade entre os dispositivos de diversos fabricantes.

As redes LAN, MAN e WAN atuais, ou seja, redes locais, metropolitanas e mundiais são construídas com arquiteturas compatíveis com o padrão OSI.

O padrão OSI divide a rede em sete camadas. Elas são definidas para dividir as funcionalidades dos dispositivos de rede, segundo as suas características comuns.

Este modelo foi levemente apresentado anteriormente, mas agora, vamos analisar, com mais detalhes, cada uma das sete camadas do modelo ISO/OSI.

Camada 1 - Física

A camada física é composta pelos meios de comunicação. Nesta camada, estão os cabos e outros meios de condução da informação. É nesta camada que são definidas as características relacionadas à distância máxima da rede, voltagem nos cabos de comunicação entre outras.

Camada 2 - Enlace

Representa os dispositivos que recebem, organizam e enviam as informações para a próxima camada de rede. Os dispositivos desta camada possuem um endereço físico e único chamado MAC (Media Access Control), que é definido pelo fabricante. Este endereço identifica cada um desses dispositivos. Veja o exemplo de um endereço MAC qualquer: 01:40:55:h5:k6:7t. Os três primeiros identificam o fabricante do produto e os outros últimos são definidos por cada fabricante. As placas de rede e os switches são exemplos de dispositivos que operam na camada de enlace de uma rede modelo OSI.

Camada 3 - Rede

É a camada que controla os endereços IP disponíveis na rede. Esta camada define endereços IP e cria rotas para entrega de pacotes que estarão disponíveis pela rede. Os dispositivos de rede serão identificados pelos seus endereços IP, definidos na camada de rede, além de seus endereços MAC. Roteadores, modem, placas de redes são exemplos de dispositivos que operam na camada de rede. Os pacotes que irão trafegar na rede serão entregues conforme o endereço IP do dispositivo, permitindo assim, a entrega do pacote a cada dispositivo correspondente.

Camada 4 - Transporte

É a camada encarregada em transportar as informações que são enviadas pela rede. Esta camada transporta os dados em seguimentos, ou seja, "pedaços" que serão juntados novamente no computador de destino, até formar a informação completa, pois os pacotes de dados transportados não podem ser enviados todos de uma só vez. Os protocolos utilizados na camada de transporte são o TCP e o UDP. O TCP é utilizado para enviar pacotes para um endereço único, enquanto que o UDP é utilizado para enviar pacotes para todos os endereços válidos na rede, de uma só vez.

Camada 5 - Sessão

Cria sessões na rede, ou seja, túneis de comunicação, permitindo que computadores troquem arquivos ou mensagens entre si.

Camada 6 - Apresentação

Define e converte o formato dos dados que serão apresentados à aplicação. Esta camada converte os formatos recebidos na transmissão dos dados e os entrega em um formato esperado pela camada de aplicação.

Camada 7 - Aplicação

É a interface do serviço de rede disponível ao usuário, ou seja, é a camada que oferece os recursos disponíveis para processos de sistemas e aplicações. Esta camada está entre os protocolos de comunicação e o aplicativo de rede que o solicitou. Os serviços de rede estarão finalmente disponíveis ao usuário, através desta camada.

Agora que já conhecemos todas as camadas do modelo ISO/OSI, será mais fácil implantar estratégias de segurança nas camadas da rede.

Veja resumo na figura 10.1:

Figura 10.1 - Camadas de rede modelo OSI

10.3 - Segurança na Camada Física de Rede

Como os cabos de rede podem ser facilmente utilizados para conectar um computador à rede, devemos manter esses cabos em locais seguros.

Cabos de rede não podem ficar expostos ou serem passados em locais públicos, sem a devida proteção, pois isso poderia acarretar em novos pontos de rede clandestinos.

Neste caso, o computador conectado à rede poderia ser facilmente identificado pelo administrador, mas esse tipo de atividade normalmente ocorre em momentos em que a rede não está sendo monitorada.

Mantenha os cabos de rede em locais altamente seguros. Não embutir dutos em paredes compartilhadas, é melhor utilizar dutos de aço externos, que deverão ficar em locais internos do prédio ou construção, longe de pessoas que poderiam ter algum motivo para tentar acessar a rede para a realização de atividades suspeitas.

10.4 - Segurança via Endereço MAC

Na camada de enlace, o endereço MAC identifica um dispositivo de rede. Endereços MAC não únicos, mundialmente, visto que são identificados por cada fabricante. Como esses endereços são identificados em cada dispositivo, podemos utilizar dispositivos com políticas de segurança via endereço MAC, ou seja, dispositivos que permitam a comunicação somente com dispositivos identificados, previamente configurados pelo administrador da rede.

Utilizar políticas de segurança via endereços MAC, seria como permitir a comunicação apenas entre dispositivos com endereço MAC, identificados pelo administrador. É como configurar um roteador para entregar pacotes apenas para dispositivos com endereço MAC contido em uma lista de endereços MAC, previamente definida pelo administrador da rede.

142 • Segurança da Informação - Ameaças e Controles

Nem todos os dispositivos possuem políticas de segurança deste tipo em seu firmware, mas os AP (Access Point), dispositivos wireless padrão Wi-Fi, utilizam este recurso para segurança via endereço MAC.

Vulnerabilidade de Segurança via Endereço MAC

Este recurso de segurança deve ser utilizado, mas não garante total segurança da rede, isto porque existem hoje recursos para clonagem ou troca de endereços MAC, bastando para isso, saber o endereço MAC de um dos dispositivos autenticados na rede. Esta clonagem é possível, mas também é um pouco difícil, pois o hacker precisa anteriormente ter acesso físico à rede, ou lógico (via infecção por um malware), para descobrir um endereço MAC válido e autenticado na rede, para efetuar a clonagem, e posteriormente, efetivar a invasão via clonagem de endereço MAC.

10.5 - Segurança na Camada de Rede

As conexões com a Internet são realizadas através de mascaramento de IPs, pois a Internet é dividida em faixas de IPs que variam dentre as suas várias subredes.

O modem roteador é o dispositivo responsável por receber um IP válido de Internet, que é distribuído pela empresa fornecedora de Internet, e armazenar em sua memória (firmware), e então, a partir daí, se comunicar com os dispositivos da rede local, através dos IPs de faixa local válidos nesta rede.

O modem roteador traduz o IP da rede local para um endereço IP válido na Internet e vice-versa, para enviar e receber pacotes. Dessa forma, ele permite a comunicação dos computadores da rede interna com os computadores da rede mundial, inibindo ou mais precisamente mascarando o IP da rede interna, nos pacotes enviados a computadores conectados à Internet.

Capítulo 10 Segurança por Dispositivos Físicos • **143**

Para estabelecer comunicação com segurança, devemos habilitar o protocolo NAT (Network Address Translation) do modem roteador. O sistema operacional também precisa ter um serviço de roteamento e acesso remoto habilitado, para que este tipo de comunicação possa ser realizado.

O protocolo NAT é o responsável em realizar a tradução dos IPs da rede local para os IPs válidos na Internet e vice-versa. Mas, mesmo assim, com a rede local protegida por um protocolo NAT, ainda existem fatores em que esta rede interna, e principalmente a rede externa, ainda não estarão precisamente seguras.

Para implementar uma maior segurança na camada de rede, utiliza-se uma técnica chamada Tunelamento da Camada de Rede.

O Tunelamento da Camada de Rede significa trabalhar com IPs que recebem um cabeçalho IP adicional, permitindo assim, que os dados sejam criptografados e trafegados de forma mais segura na camada de rede.

Atualmente, as VPNs (Rede Privada Virtual) utilizam este Tunelamento para permitir o tráfego pela Internet de forma mais segura. Esta técnica também pode ser implementada em outras redes públicas ou privadas.

10.6 - Controlando o Acesso na Rede com Proxy

O servidor proxy é um computador na rede com recursos de servidor de conexão, entre outras utilidades. Servidores proxy normalmente são utilizados para compartilhar conexões de Internet, mas vai muito além.

Servidores proxy possuem recursos para permitir ou impedir o acesso a arquivos na rede, liberar ou bloquear requisições de acesso, tráfego ou conexão. Eles também permitem o controle de acesso a sites de Internet.

144 • Segurança da Informação - Ameaças e Controles

Servidores proxy são indispensáveis para implementar políticas de acessos a sites pela rede. Com eles, é possível bloquear o acesso a sites não permitidos pela administração aos usuários da rede. É um ótimo controle para impedir que usuários fiquem gastando tempo, por exemplo, em redes sociais em horários de expediente.

Os servidores proxy mantêm cache de páginas recentemente acessadas, permitindo que essas páginas estejam disponíveis localmente, permitindo assim, maior performance e rapidez nas respostas, nas solicitações de páginas de Internet, economizando também o tráfego de Internet.

Por permitir o controle e permissões de acesso a sites de Internet, com a capacidade de bloquear ou liberar o acesso a determinadas solicitações de usuários na rede, os servidores proxy são muito importantes para bloquear sites não confiáveis que poderiam trazer algum perigo à rede e ao sistema.

Como a conexão com a Internet fica na responsabilidade do servidor proxy, os outros computadores da rede ficam no "anonimato" em relação à rede externa (Internet), pois esses computadores locais se comunicam com o proxy, e somente o proxy se comunica com a Internet.

A funcionalidade de anonimato foi criada para proteção de redes internas, mas hackers costumam utilizar servidores proxy públicos ou de comunidades hacker, para navegar em "anonimato" pela Internet.

O "anonimato" está entre aspas, porque todo acesso que passa por um servidor proxy é registrado por ele. Então o tal "anonimato" se refere somente àqueles que não têm acesso administrativo desses servidores.

Para deixar mais claro, se um hacker acessar um servidor proxy disponibilizado por uma autoridade policial, ele vai ser facilmente identificado!

Outra característica dos servidores proxy, é a robustez e alta capacidade de processamento, armazenamento e memória. Isto é necessário para que esse servidor responda com eficiência às solicitações das máquinas clientes da rede local.

Servidores proxy são recursos de rede que devem ser incluídos na arquitetura da rede local. Este tipo de servidor trará muitas vantagens à rede, como melhor performance de rede, economia de banda de Internet, controles de acesso e muito mais. Veja um exemplo de uso de servidor proxy na figura 10.2:

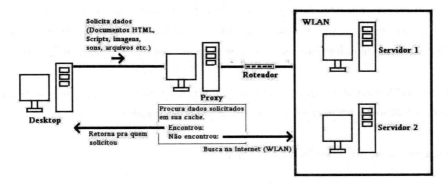

Figura 10.2 – Exemplo de uso de servidor proxy

10.7 - Limitando o Acesso na Rede com Firewall

O firewall é um dispositivo de rede, normalmente um computador configurado para esse fim, ou um software, que tem a função de filtrar e controlar os pacotes que são enviados e recebidos pela rede. Este controle, normalmente, se faz entre uma rede interna e uma rede externa, entre uma LAN e uma WAM, por exemplo.

A função do firewall é de controlar o tráfego na rede. Ele é composto de um servidor proxy, mais os recursos de filtro de pacotes. A função do firewall é impedir que uma rede externa tenha acesso indevido ou faça comunicação não autorizada a uma rede interna.

146 • Segurança da Informação - Ameaças e Controles

Um firewall eficiente deve possuir um sistema de gerenciamento de pacotes eficiente, ou seja, com vários recursos de configuração. Quanto mais recursos de configuração e filtros o firewall tiver, melhor.

O firewall é um servidor que pode ser operado, e configurado para monitorar a atividade de ferramentas (filtros) necessárias, e seguir um conjunto de regras para garantir a segurança, com total controle de tudo o que entra e sai da rede.

É um recurso tão necessário em redes de computadores, que os sistemas operacionais já possuem uma versão simplificada embutida em seus recursos de rede. Mas em caso de redes maiores, um firewall mais robusto deve ser configurado.

O firewall vai regular o tráfego na rede para impedir que processos nocivos façam comunicação ou transferência de pacotes não autorizados pela rede.

Podemos adquirir firewalls em três versões:

- Hardware;
- Software;
- Ambos.

As versões de firewall mais utilizadas atualmente são:

- Firewall de Aplicação: Composto por um servidor proxy e filtros de pacotes;
- Firewall Pessoal: É um firewall em uma versão mais simplificada, que utiliza recursos de software e pode ser configurado em um computador pessoal.

Atualmente, podemos adquirir sistemas operacionais com um firewall pessoal embutido. Esse firewall que vem acoplado em um sistema operacional, normalmente, é mais simples nos requisitos de configuração, mas também é indispensável.

É bom analisar e testar os firewalls pessoais, ou de aplicação, existentes no mercado, para então decidir qual utilizar.

Para redes corporativas, é recomendado, no mínimo, o uso de um firewall de aplicação, até mesmo porque o servidor proxy, que trabalha normalmente em conjunto com os firewalls, é também um dispositivo essencial na segurança da informação.

Veja um exemplo de uso de firewall, na figura 10.3.

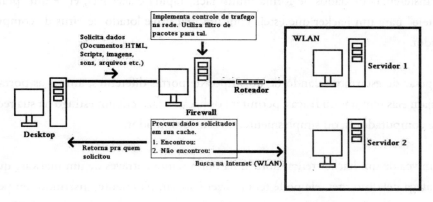

Figura 10.3 – Exemplo de uso de firewall, em uma rede local

10.8 – Por que Proteger Entradas USBs em um Computador?

Portas USB são entradas que permitem os periféricos se comunicarem através de um computador. Para que um dispositivo USB funcione, ele precisa ter um driver instalado no sistema, que normalmente é instalado em alguns segundos, quando se conecta um dispositivo USB pela primeira vez no computador, quando o sistema tem o devido suporte para o driver a ser instalado.

Percebeu, no parágrafo anterior, que usei a palavra "porta"? Essa palavra foi usada intencionalmente. Vamos ver porquê:

148 • Segurança da Informação - Ameaças e Controles

Se você disser para um hacker que existe uma porta aberta em um computador, é bem provável que a primeira coisa que ele queira fazer é entrar.

Sistemas costumam ser construídos para resistir ataques de hackers, e eles, normalmente têm um bom trabalho para abrir uma porta de acesso, que não é uma USB, mas que permite que se faça uma comunicação remota com o sistema a ser invadido.

Como portas USBs foram criadas para conectar dispositivos de comunicação e transferência de dados de forma muito fácil, rápida e acessível, ela é um "prato cheio" para um hacker que esteja com um pen drive lotado de vírus de computador.

Apesar de estarmos falando de dois tipos de portas diferentes, ambas as portas, sejam elas remotas ou físicas, permitem os hackers fazerem um estrago na sua rede de computadores, ou simplesmente, no seu computador.

Em vez de um hacker tentar abrir uma porta remota através de um malware que trafega pela Internet, ele pode tentar fazer isso, simplesmente, inserindo um pen drive que tenha um vírus, ou outro tipo de malware, em alguma porta USB do seu computador.

Aí você me diz: jamais deixarei algum hacker entrar em minha empresa ou residência! Ótimo! Faça isso! Mas pense no seguinte: seus colaboradores, em sua empresa, sabem da importância de não deixar uma pessoa não autorizada chegar perto dos seus sistemas e computadores? Você falou com eles sobre isso hoje?

É muito fácil, e comum, hackers se disfarçarem de técnicos de manutenção e tentarem entrar em filiais de empresas, sob o pretexto de estarem fazendo uma "coisinha rápida", e ao inserirem um pen drive em um computador, derrubarem o sistema da empresa inteira!

Capítulo 10 Segurança por Dispositivos Físicos • **149**

Às vezes pode ser mais fácil derrubar um sistema seguro tendo acesso físico aos computadores, do que tentar derrubar o sistema com o uso de malwares.

Seja qual for o porte da sua empresa, é bom que prestadores de serviços que realizam a manutenção nos computadores sejam previamente identificados, para evitar que indivíduos não autorizados tenham acesso fácil aos computadores. Principalmente em empresas de médio e grande porte, um indivíduo com um simples crachá, poderá ser confundido com um profissional novato previamente autorizado.

Instrua os seus funcionários a identificarem seriamente qualquer profissional que for realizar um serviço de manutenção nos computadores da sua empresa, mesmo que seja uma manutenção "rapidinha". Profissionais autorizados normalmente possuem documentação oficial que pode identificá-los. Verifique qual é a documentação e esteja sempre atualizado quanto a quem acessa seus computadores.

Como a maioria dos pen drives são identificados pelos sistemas operacionais, alguns segundos com esse pen drive conectado, um hacker pode instalar um vírus, trojan, worm ou outro malware para derrubar o sistema ou toda a rede.

Um hacker pode derrubar sua rede wi-fi, e ao mesmo tempo, com uma unidade móvel, que pode estar dentro de um veículo próximo, levantar uma rede pirata com o mesmo nome da sua, e infectar tanto computadores, quanto celulares de pessoas conectadas a ela.

Os prejuízos podem atingir você, sua empresa, seus colaboradores, clientes, ou qualquer outra pessoa que fizer parte desta rede. Defina uma boa política para o acesso das portas USBs dos computadores de sua empresa, pois elas são portas originalmente abertas. Não permita tantas USBs disponíveis na rede. Dê preferência àquelas em computadores mais gerenciais, instrua seus colaboradores, e desabilite portas USBs não necessárias.

Resumo do Capítulo

- Os primeiros meios de segurança na informação são os meios físicos. Eles são os primeiros a serem configurados para implementarem uma segurança eficiente em uma rede de computadores.

- O modelo OSI (Open Systems Interconnection) é um padrão mundial de interconexão de computadores. Este padrão foi adotado na década de 1980, para evitar incompatibilidade entre os dispositivos de diversos fabricantes. As redes LAN, MAN e WAN atuais, ou seja, redes locais, metropolitanas e mundiais, são construídas com arquiteturas compatíveis com o padrão OSI. O padrão OSI divide a rede em sete camadas, conforme imagem a seguir:

Camadas de Rede Modelo ISO/OSI

7	Aplicação	Instâncias para Aplicações
6	Apresentação	Representação dos Dados
5	Sessão	Instância de Comunicação
4	Transporte	Protocolos
3	Rede	Rotas e Caminhos
2	Enlace	Controles de Acesso
1	Física	Meios Físicos

Capítulo 10 Segurança por Dispositivos Físicos • **151**

- O servidor proxy é um computador na rede com recursos de servidor de conexão, entre outras utilidades. Servidores proxy normalmente são utilizados para compartilhar conexões de Internet, mas vai muito além... Servidores proxy possuem recursos para permitir ou impedir o acesso a arquivos na rede, liberar ou bloquear requisições de acesso, tráfego ou conexão. Eles também permitem o controle de acesso a sites de Internet. Servidores proxy são indispensáveis para implementar políticas de acessos a sites pela rede. Com eles, é possível bloquear acesso a sites não permitidos pela administração, aos usuários da rede. Os servidores proxy mantêm cache de páginas recentemente acessadas, permitindo que essas páginas estejam disponíveis localmente, e tenham maior performance e rapidez nas respostas, nas solicitações de páginas de Internet, economizando, também, o tráfego de Internet.

- O firewall é um dispositivo de rede, normalmente um computador configurado para esse fim, ou um software, que tem a função de filtrar e controlar os pacotes que são enviados e recebidos pela rede. Este controle, normalmente, se faz entre uma rede interna e uma rede externa, entre uma LAN e uma WAM, por exemplo. A função do firewall é de controlar o tráfego na rede. Ele é composto de um servidor proxy mais os recursos de filtro de pacotes. A função do firewall é impedir que uma rede externa tenha acesso indevido ou faça comunicação não autorizada a uma rede interna. O firewall é um servidor que pode ser operado e configurado para monitorar a atividade de ferramentas (filtros) necessárias, e seguir um conjunto de regras para garantir a segurança, com total controle de tudo o que entra e sai da rede. O firewall vai regular o tráfego na rede para impedir que processos nocivos façam comunicação ou transferência de pacotes não autorizados pela rede.

- USBs são entradas que permitem que periféricos se comuniquem através de um computador. Para que um dispositivo USB funcione, ele precisa ter um driver instalado no sistema, que normalmente, é instalado em alguns segundos, quando se conecta um dispositivo USB pela primeira vez no computador. Sistemas são construídos para resistir a ataques hackers, e os mesmos normalmente têm um bom trabalho para abrir uma porta de acesso, que não é uma USB, mas que permite que se faça uma comunicação remota com o sistema a ser invadido. Como portas USBs foram criadas para conectar dispositivos de comunicação e transferência de dados de forma muito fácil, rápida e acessível, ela é um "prato cheio" para um hacker que esteja com um pen drive cheio de vírus de computador. Apesar de estarmos falando de dois tipos de portas diferentes, ambas as portas, sejam elas remotas ou físicas, permitem que hackers façam um estrago na sua rede de computadores. Instrua seus funcionários a identificarem qualquer profissional que for realizar serviços de manutenção nos computadores da sua empresa.

Capítulo 11

Segurança por Honeypots (Potes de Mel)

11.1 - Honeypot

Honeypot é um dispositivo utilizado em redes de computadores, que tem a função de emular ou disponibilizar recursos computacionais, exclusivamente para serem explorados por hackers.

A função destes dispositivos é exatamente enganar o invasor, fazendo-o atacar um sistema virtual, ou até mesmo um sistema real, em paralelo, de fácil recuperação, que foi preparado exatamente para ser invadido.

Um honeypot emula falhas na rede e de sistema, abre brechas propositais, para atrair hackers e posteriormente, através de iscas, capturar dados do invasor.

Um invasor, quando entra em um honeypot, ele pensa estar efetuando uma invasão bem sucedida, mas na verdade, aquele sistema que está sendo invadido não tem nenhuma informação relevante, e está lá somente para conhecer as práticas de invasão utilizadas pelo invasor, e também, capturar seus dados de localização.

Induzir o invasor a atacar um sistema virtual, mas que não é o sistema legítimo da rede onde o invasor pretende ter acesso, permite a proteção dos sistemas de rede reais, além de possibilitar mais conhecimentos sobre o invasor, o que acaba resultando em mais ferramentas antiataque para aquele sistema.

154 • Segurança da Informação - Ameaças e Controles

O termo honeypot significa, em português, pote de mel. Hackers não resistirão à tentação de invadir estes sistemas, por achar que encontraram uma grande brecha.

Os Honeypots são um dos recursos mais importantes para a proteção de sistemas. Empresas os utilizam para se protegerem e para capturar dados do invasor, e posteriormente, ou até automaticamente, via rotinas automatizadas, fazer as denúncias necessárias.

Autoridades também utilizam destes recursos para capturar hackers e criminosos virtuais.

Existem dois tipos de Honeypots: os de baixa interatividade e os de alta interatividade. Veja a função de cada um deles a seguir.

11.2 - Honeypots de Baixa Interatividade

Os Honeypots de baixa interatividade são emuladores de sistemas.

Estes Honeypots emulam ambientes computadorizados, deixando brechas para possíveis invasores.

Esta ferramenta normalmente é instalada sobre um sistema operacional real, que deve ser seguro para evitar o comprometimento.

Os Honeypots de baixa interatividade têm a característica de emular sistemas operacionais e ferramentas que farão com que o possível invasor seja "tentado" a invadir.

Neste caso, brechas deixadas pelo emulador farão com que o invasor explore o sistema virtual, pensando que está invadindo um sistema real.

Os honeypots de baixa interatividade, normalmente, são configurados mais para fins de proteção de redes e sistemas corporativos, mas este tipo de honeypot, também, normalmente, captura dados do invasor e efetua denúncias automáticas.

A função de um honeypot de baixa interatividade é garantir que se algum invasor tentar efetuar alguma invasão na rede, ele vai detectar, através da utilização de inúmeras regras de acesso e autenticação, que tal acesso não é autorizado e legítimo do sistema. Existem várias formas de se fazer isso, e a escolha da ferramenta vai depender da estratégia de cada empresa.

11.3 - Honeypots de Alta Interatividade

Ao contrário dos honeypots de baixa interatividade, os de alta interatividade não são sistemas que tomam decisões automáticas.

Os honeypots de alta interatividade são mais complexos, mais sofisticados e têm a função maior de capturar, sem deixar de proteger.

Este tipo de honeypot dá mais importância à captura de informações do que a proteção dos sistemas da rede, mas sem deixar este último de lado. As ações que os honeypots de alta interatividade vão tomar, irão depender de seus operadores.

Os honeypots são mais complexos, mais sofisticados e têm a função maior de capturar, sem deixar de proteger.

Se um hacker tentar invadir um sistema com honeypot de alta interatividade, ele provavelmente irá diretamente para o honeypot, e não passará nem perto do sistema real. A partir daí, as ações do invasor não serão somente registradas, mas também, exploradas em tempo real pelos administradores do honeypot.

Os Honeypots deram origem aos Honeynets, que são ferramentas Honeypots mais refinadas e com mais recursos.

156 • Segurança da Informação - Ameaças e Controles

A seguir, veremos como funcionam os Honeynets, eles são essenciais para a segurança de uma rede de computadores.

11.4 - Honeynet

Os honeynets são um tipo de honeypot que funcionam como uma rede, preparada exclusivamente para ser explorada por possíveis invasores.

Os honeynets são conhecidos como "Honeypots de Pesquisa", pois eles buscam informações do invasor, enquanto simula brechas destinadas para a invasão.

Possuem recursos para observar o comportamento do invasor, buscando identificar as ferramentas que estão sendo utilizadas e possíveis vulnerabilidades que podem e devem ser eliminadas no sistema real.

Utilizar honeynet em uma rede significa colocar um sistema para um invasor explorar, enquanto observamos o que ele vai fazer e identificamos se há vulnerabilidade ou não no sistema real.

Com os honeynets, além de impedir a invasão do sistema real, temos também a possibilidade de descobrir uma possível vulnerabilidade neste sistema real.

Utilizar um honeynet é tão importante quanto utilizar todos os outros recursos de segurança apresentados, visto que as ferramentas de ataque e invasão de sistemas evoluem a cada dia.

Honeynets foram criados para garantir que uma vulnerabilidade desconhecida passe a ser conhecida, para em seguida, ser corrigida.

Em caso de existir uma vulnerabilidade no sistema, o que é muito possível de acontecer, é melhor que se descubra e corrija esta falha, antes de uma possível invasão no sistema real.

Capítulo 11 Segurança por Honeypots (Potes de Mel) • 157

Assim como os honeypots, existem dois tipos de honeynets: os reais e os virtuais.

Vamos ver a seguir, como eles funcionam.

11.5 - Honeynets Reais

Os honeynets reais são dispositivos de segurança compostos por vários mecanismos reais. Os mecanismos dos honeynets reais estão relacionados a seguir.

- Contenção: Computador com firewall instalado. Será utilizado para contenção e coleta dos dados;
- Alerta: Computador com IDS instalado, utilizado para coleta de dados e emissão de alertas. O sistema de IDS é um sistema de detecção de intrusos, utilizado em redes para identificar ações de possíveis invasões;
- Coleta: Computador utilizado como repositório de dados coletados. Este computador normalmente possui banco de dados para armazenar dados de tudo o que foi coletado pelos outros computadores da honeynet.

Nas honeynets reais, cada um destes dispositivos é instalado em computadores com sistemas e aplicações reais. Veja as vantagens e desvantagens:

Honeynets Reais	
Vantagens	**Desvantagens**
Baixo custo por dispositivo, por ser um único sistema por computador	Manutenção difícil
Tolerante a falhas	Manutenção trabalhosa
Sistemas completos e mais robustos	Custo final alto, por precisar de vários computadores

Observação: honeypots e honeynets, reais ou virtuais, podem ser definidos como redes, ferramentas, armadilha ou sistemas. Por simular redes de computadores, sistemas operacionais e aplicativos reais, a escolha do termo vai depender mais do contexto.

11.6 - Honeynets Virtuais

Os honeynets virtuais possuem todos os recursos de um honeynet real simulados em um único computador.

É um sistema que utiliza máquinas virtuais para operar. Eles são executados em um único sistema operacional real, mas simulam vários outros sistemas operacionais, com aplicações e serviços instalados.

O equipamento onde um honeynet virtual for instalado deve ser robusto, visto que o software de virtualização é muito pesado e pode limitar o hardware.

Atualmente, com a velocidade e utilização dos dispositivos SSDs (Solid-State Drives), que estão gradativamente substituindo os HDs (Hard Disks), esta desvantagem em velocidade está deixando de existir, não só nos honeynets virtuais, mas em qualquer sistema de virtualização.

Veja a seguir, as vantagens e desvantagens dos honeynets virtuais.

Honeynets Virtuais	
Vantagens	**Desvantagens**
Manutenção simples	Alto custo por equipamento, por exigir computadores mais rápidos
Custo final baixo por permitir vários sistemas e redes em um único computador	Passivo a falhas e vulnerabilidades

Capítulo 11 Segurança por Honeypots (Potes de Mel) • **159**

Resumo do Capítulo

- Honeypot é um dispositivo utilizado em redes de computadores, que tem a função de emular ou disponibilizar recursos computacionais, exclusivamente para serem explorados por hackers. A função destes dispositivos é exatamente enganar o invasor, fazendo-o atacar um sistema virtual, ou até mesmo um sistema real, em paralelo, de fácil recuperação, que foi preparado exatamente para ser invadido. Um honeypot emula falhas na rede e de sistema, abre brechas propositais, para atrair hackers e posteriormente, através de iscas, capturar dados do invasor.

- Os Honeypots de baixa interatividade são emuladores de sistemas. Esses Honeypots emulam ambientes computadorizados, deixando brechas para possíveis invasores. Esta ferramenta normalmente é instalada sobre um sistema operacional real, que deve ser seguro para evitar o comprometimento. Os Honeypots de baixa interatividade têm a característica de emular sistemas operacionais e ferramentas que farão com que o possível invasor, seja "tentado" a invadir. Neste caso, brechas deixadas pelo emulador farão com que o invasor explore o sistema virtual, pensando que está invadindo um sistema real.

- Ao contrário dos honeypots de baixa interatividade, os de alta interatividade não são sistemas que tomam decisões automáticas. Os honeypots de alta interatividade, normalmente, são operados em tempo real, e as ações que eles irão tomar, vão depender de cada caso. Este tipo de honeypot dá mais importância à captura de informações do que a proteção dos sistemas da rede, mas sem deixar este último de lado. As ações que os honeypots de alta interatividade vão tomar, vão depender de seus operadores.

- Os honeynets são um tipo de Honeypot que funcionam como uma rede, preparada exclusivamente para ser explorada por possíveis invasores. Os honeynets são considerados como ferramentas de pesquisa, pois possuem recursos para adquirir informações do invasor. Os honeynets possuem recursos para observar o comportamento do invasor, buscando identificar as ferramentas que estão sendo utilizadas e possíveis vulnerabilidades que podem e devem ser eliminadas no sistema real. Honeynets podem ser reais, quando são instalados em sistemas e aplicações reais, ou virtuais, quando estão em plataformas de virtualização.

Capítulo 12

Pacotes Antimalwares

Os pacotes antimalwares são pacotes de softwares fornecidos por empresas especializadas em ferramentas para remoção de malwares do computador e da rede.

Existem várias empresas que fornecem este tipo de ferramenta, e você pode escolher uma que mais lhe agrada.

Pacotes antimalwares, normalmente, vêm em uma versão free (mais simples), e uma paga (com mais recursos).

Em caso de instalação em sistemas servidores, estes softwares normalmente exigem a instalação da versão paga, pois costumam ter mais recursos para redes de computadores e uma proteção mais complexa.

Alguns dos pacotes antimalwares mais conhecidos do mercado neste momento, estão relacionados a seguir:

Pacotes Antimalwares	
Empresa	Site
Avira Antivírus	www.avira.com/pt-br/
Avast	www.avast.com/pt-br/
Norton Security	www.nortonsecurityonline.com
McAfee Antivírus	www.mcafee.com/br/
AVG	www.avg.com/pt-br/
Kaspersky	www.kaspersky.com.br

162 • Segurança da Informação - Ameaças e Controles

Estas empresas foram conquistando o mercado ao longo dos anos, inicialmente com softwares antivírus, hoje, com pacotes antimalwares completos.

12.1 - Softwares Antivírus

Inicialmente, antes da popularização da Internet, os vírus predominavam na lista de vilões entre os softwares de computadores.

Os antivírus são desenvolvidos, normalmente, para proteger o computador contra três tipos de malwares: vírus, worms e trojans.

Com a atual mudança no quadro de malwares, onde inúmeras outras ameaças foram surgindo, as empresas que desenvolviam pacotes exclusivamente para combater os vírus, agora, estão oferecendo pacotes completos para a proteção em redes e computadores.

As ferramentas de proteção são desenvolvidas para buscar e encontrar malwares que estão enquadrados nas ferramentas que você adquirir.

Os antivírus foram as primeiras ferramentas de busca e eliminação de malware já existentes. Atualmente, algumas empresas já mudaram o nome de seus produtos, por exemplo, em vez de antivírus, utilizam-se o termo security, que é mais abrangente e combina mais com a proteção total contra qualquer tipo de malware.

Ao instalar um antivírus, não quer dizer que você está totalmente protegido de ameaças, pois é necessário adquirir outros pacotes, como aqueles que estão voltados à proteção em navegação na Internet, e que normalmente são ofertados por estas empresas como opcional.

Também devem ser observados todos os requisitos de segurança apresentados até aqui, para ter uma segurança realmente eficaz em redes e computadores.

Para ter uma maior proteção, procure adquirir pacotes antimalwares completos, contra todo o tipo de malware, assim, você estará menos vulnerável ao navegar pela Internet, visto que é de onde vem a maioria dos ataques.

Vamos, então, às outras ferramentas disponíveis no mercado.

12.2 - Antirootkit

Antirootkit é um tipo de ferramenta utilizada para remover rootkits do computador, normalmente antes de fazer a varredura em busca de vírus. Como os rootkits são um tipo de malwares mais avançados, existem no mercado algumas ferramentas específicas para remover este tipo de malware do computador.

Alguns antivírus, que agora são pacotes completos antimalwares, também possuem ferramentas para exercer esta operação. É bom pesquisar no mercado, qual o melhor antimalware para este fim. Estas ferramentas normalmente precisam ser habilitadas nas configurações dos softwares antivírus, antes de serem utilizadas.

Os rootkits ficam camuflados em processos legítimos dos sistemas operacionais, impedindo que os antivírus detectem o arquivo onde o código do vírus está. Para que um antivírus seja capaz de remover este malware, ele deve ter recursos para remover rootkits, caso contrário, as ferramentas antivírus tradicionais não irão conseguir realizar esta tarefa.

Como um rootkit funciona? Este malware infecta, normalmente, processos na memória do computador, substituindo listas de arquivos para se camuflar e fazer entender que este malware não está lá, ficando invisível tanto para usuários quanto para sistemas.

A principal função de um rootkit é abrir uma porta no computador (backdoor), que irá permitir que um invasor acesse e tenha controle total da máquina. Já ima-

164 • Segurança da Informação - Ameaças e Controles

ginou alguém acessando seu computador e fazendo downloads de todos os seus arquivos pessoais? Pois é exatamente isso que um rootkit permite um hacker fazer, além de permitir a instalação de outros malwares, como um keylogger, por exemplo, que captura as digitações do teclado, permitindo a captura de logins e senhas.

Os anti-rootkits são ferramentas com características específicas para encontrar rootkits que possivelmente estarão escondidos no seu sistema, e removê-los do computador. Por isso, as empresas normalmente o oferecem em pacotes separados.

Um programa antirootkit é tão importante quanto às outras ferramentas de remoção de vírus, worms e trojans, do computador. Se existe algo invisível, silencioso e perigoso, chama-se: rootkit.

12.3 - Antispam

Esta ferramenta tem a capacidade de filtrar e-mails não desejados que normalmente chegam à sua caixa de mensagens.

A função do antispam é detectar se o e-mail vem de uma origem "em massa", normalmente de rotinas ou processos automáticos, que utilizam endereços de servidores para proliferar mensagens.

O antispam também possui serviços de banco de dados, onde e-mails, uma vez denunciados, passam a fazer parte da lista de spams, e ficarão separados para serem eliminados futuramente e definitivamente pelo usuário, ou de forma automática pelo gerenciador de e-mails.

Spams têm características de não fazerem parte da lista de interesses dos usuários. Programas antispams são muito importantes, tanto por amenizarem o incômodo dos spams quanto por dificultarem a utilização de spams, por hackers, para a proliferação de malwares por toda a Internet.

Muitas das vezes, você poderá receber um spam altamente comercial, somente com a intenção de promover algum produto ou serviço, mas existem muitos e--mails de hackers pela Internet, e eles estão normalmente na categoria de spam.

Os antispams estão presentes na maioria dos provedores de Internet, mas caso você tenha algum aplicativo específico para gerenciar seus e-mails, é bom verificar se o recurso antispam está disponível neste aplicativo.

Caso algum e-mail confiável seja confundido com um spam, e venha a "cair" na caixa de spams, ele poderá ser resgatado pelo usuário do sistema, que o marcará como no-spam.

A função dos antispams é não permitir que a caixa de entrada do usuário fique cheia de e-mails indesejados, além de denunciar e divulgar os e-mails suspeitos que circulam na rede, impedindo assim, que eles se espalhem por outros computadores.

Verifique se você possui um antispam em seu gerenciador de e-mails. Eles são indispensáveis para evitar grandes aborrecimentos, por um simples clique, em um link malicioso de Internet.

12.4 - Link Scanner

Quem nunca teve a dúvida cruel de entrar ou não entrar em um determinado site, por simplesmente não ter a certeza de estar acessando um local confiável? Essa é uma das dúvidas que podem até prejudicar a sua navegação pela Internet, ou até mesmo, infectar o seu computador, caso não tenha um bom antivírus instalado.

Os links scanners são utilizados como fonte de informação, para uma navegação mais segura pela Internet. Eles têm a função de mostrar os níveis de ameaça, antes mesmo que você entre em algum site pela Internet, após uma pesquisa em um site

166 • Segurança da Informação - Ameaças e Controles

de busca. É bom verificar, antes de instalar um link scanner, com qual navegador ele é compatível. Eles, normalmente, mostram os níveis de confiabilidade do site, nos resultados de pesquisa nos navegadores.

Os links scanners permitem que deixemos de acessar um site suspeito. É realmente uma ferramenta muito útil, lembrando que saber em qual site devemos confiar hoje em dia, é uma tarefa para um software mesmo, pois a Internet é tão vasta, e com tantas empresas oferecendo tantos produtos e serviços, que sozinhos ou por intuição, não conseguiremos mesmo saber se um site é ou não confiável.

Os sites de entretenimento, por exemplo, que normalmente ofertam muitos produtos grátis e atraentes, podem induzir nossas crianças a baixar um vírus no computador, caso não se tenha um link scanner instalado e ativado no sistema. É importante a instalação de pacotes antimalwares que possuem a função de link scanner, eles são ferramentas valiosíssimas para impedir downloads de códigos maliciosos indesejados no computador, embutidos, normalmente, em arquivos de mídia, ou scripts mesmo.

Recursos de link scanner podem ser encontrados em pacotes antivírus e antimalwares que você escolher para a sua proteção. É um recurso de proteção que normalmente está relacionado a pacotes de proteção à navegação pela Internet.

É bom ressaltar que, a navegação pela Internet deverá ficar mais lenta com um link scanner ativo no sistema. Mas é critério de cada um escolher entre a velocidade máxima de navegação, ou a segurança de navegar na Internet com a proteção de um link scanner ativo na máquina.

Resumo do Capítulo

- **Pacotes Antimalwares** são pacotes de softwares fornecidos por empresas especializadas em ferramentas para remoção de malwares do computador e da rede. Pacotes antimalwares, normalmente, vêm em uma versão free (mais simples), e uma paga (com mais recursos). Alguns dos pacotes antimalwares mais conhecidos do mercado neste momento são:

Pacotes Antimalwares	
Empresa	Site
Avira Antivírus	www.avira.com/pt-br/
Avast	www.avast.com/pt-br/
Norton Security	www.nortonsecurityonline.com
McAfee Antivírus	www.mcafee.com/br/
AVG	www.avg.com/pt-br/
Kaspersky	www.kaspersky.com.br

- **Antivírus** são desenvolvidos, normalmente, para proteger o computador contra três tipos de malware: vírus, worms e trojans. Os antivírus foram as primeiras ferramentas de busca e eliminação de malware já existente. Atualmente, algumas empresas já mudaram o nome de seus produtos, por exemplo, em vez de antivírus, utilizam-se o termo security, que é mais abrangente e combina mais com a proteção total contra qualquer tipo de malware.

- **Antirootkit** é um tipo de ferramenta utilizada para remover rootkits do computador, normalmente antes de fazer a varredura em busca de vírus. Como os rootkits são um tipo de malware mais avançado, existem no mercado algumas ferramentas específicas para remover este tipo de malware do computador. Alguns antivírus, que agora são pacotes completos antimalwares, também possuem ferramentas para exercer esta operação. É bom pesquisar no mercado, qual o melhor antimalware para este fim. Os rootkits ficam camuflados em processos legítimos dos sistemas operacionais, impedindo que os antivírus detectem o arquivo onde o código do vírus está. Para que um antivírus seja capaz de remover este malware, ele deve ter recursos para remover rootkits, caso contrário, as ferramentas antivírus tradicionais não irão conseguir realizar esta tarefa.

- **Antispam** é um tipo de ferramenta desenvolvida para a filtragem de e-mails não desejados, que normalmente chegam às caixas de mensagens. A função do antispam é detectar se o e-mail vem de uma origem "em massa", normalmente de rotinas ou processos automáticos, que utilizam endereços de servidores para proliferar mensagens. O antispam também possui serviços de banco de dados, onde e-mails, uma vez denunciados, passam a fazer parte da lista de spams, e ficarão separados para serem eliminados futuramente e definitivamente pelo usuário, ou de forma automática pelo gerenciador de e-mails.

- **Links Scanners** são utilizados como fonte de informação, para uma navegação mais segura pela Internet. Eles têm a função de mostrar os níveis de ameaça, antes mesmo que você entre em algum site pela Internet, após uma pesquisa em um site de busca. É bom verificar, antes de instalar um link scanner, com qual navegador ele é compatível. Eles, normalmente, mostram os níveis de confiabilidade do site, nos resultados de pesquisa nos navegadores. São normalmente fornecidos pelas mesmas empresas que desenvolvem outros pacotes antimalwares. É bom ressaltar que, a navegação pela Internet deverá ficar mais lenta com um link scanner ativo no sistema. Mas é critério de cada um escolher entre a velocidade máxima de navegação ou a segurança de navegar na Internet com a proteção de um link scanner ativo na máquina.

Capítulo 13

Segurança em Redes Wireless (Wi-Fi)

As redes wireless, redes que utilizam recursos para comunicação sem fio, são a maior evolução atual, no mercado de redes de computadores. Veja a seguir, algumas vantagens que uma rede wireless pode ter, em alguns casos, sobre a rede cabeada.

- São mais práticas e fáceis de instalar;
- Atingem com facilidade, distâncias maiores que as redes que utilizam cabo para a comunicação;
- Pouco volume em equipamentos de infraestrutura e instalação;
- Facilitam a comunicação entre aparelhos de diferentes tecnologias, mas que possuem a mesma tecnologia wireless.

São vários os modelos de rede wireless, os mais conhecidos são:

- Infravermelho;
- Bluetooth;
- Wi-Fi.

Alguns padrões trabalham com a comunicação do tipo Ad-hoc, ou seja, os aparelhos que estão dentro do alcance da rede, comunicam livremente entre si. O modo Ad-hoc é o modo de comunicação utilizado entre celulares.

170 • Segurança da Informação - Ameaças e Controles

O modo Ad-hoc, que é um modo de comunicação ponto-a-ponto, é utilizado para realizar comunicação entre aparelhos que não necessitam de muita segurança durante a comunicação. Este modo de comunicação é normalmente utilizado em redes de baixo alcance, pois ele não possui muitos mecanismos de segurança apropriados para a comunicação.

Caso seja necessário implementar uma rede wireless de maior alcance e com maior controle de segurança, é normalmente utilizada uma rede wireless de padrão Wi-Fi. A rede wireless de padrão Wi-Fi possui um dispositivo central, que irá controlar toda a rede. Este dispositivo é chamado de AP (Access Point).

O Access Point é o dispositivo responsável por enviar os sinais da rede via radiofrequência. Atualmente, utiliza-se um Modem Roteador Wi-Fi, que já tem os recursos de Access Point embutidos internamente.

O Access Point, que já faz parte de um Modem Roteador Wi-Fi, é o principal dispositivo de uma rede wireless padrão Wi-Fi, pois é nele que a comunicação da rede será configurada, e este dispositivo irá controlar a comunicação entre os aparelhos da rede, a uma velocidade muito superior a do modo Ad-hoc.

Mas para implementar uma rede wireless padrão Wi-Fi, devemos ter muito cuidado com a segurança, pois estas redes possuem alcance muito maior que as redes de comunicação Ad-hoc. Estando com uma rede wireless disponível, caso não sejam utilizados mecanismos de segurança eficientes, você estará correndo o risco de encontrar alguém "plugado" de forma ilegal na rede, normalmente vizinhos ou pessoas que estarão próximas ao local de abrangência desta rede.

Os mecanismos utilizados para implementar segurança em uma rede wireless padrão Wi-Fi são vários.

Vamos analisar cada um deles, logo a seguir.

13.1 - Senhas Seguras no Wi-Fi

No início da utilização das redes Wi-Fi, muitas pessoas esqueciam-se de colocar senhas no login de acesso à rede. Isso acarretava inúmeros intrusos, vizinhos utilizando Wi-Fi "grátis" disponível a qualquer momento. Atualmente, como todos já sabem que não se deve deixar uma rede Wi-Fi sem proteção por senha, a preocupação agora é não permitir que vizinhos curiosos consigam descobrir essas senhas. Eles podem utilizar softwares para descobrir, caso seja óbvia, a senha de acesso de redes Wi-Fi.

Veremos, logo a seguir, que as redes Wi-Fi utilizam um protocolo de segurança em sua comunicação. Este protocolo é relativamente seguro, mas pessoas curiosas podem tentar descobrir a senha por uma técnica antiga, mas ainda utilizada, chamada de "quebra por tentativa e erro", em que são utilizados softwares para tentar descobrir senhas óbvias e fáceis.

Crie senhas fortes! Os cuidados citados já no início desta obra, sob o título Senhas Seguras, em Princípios de Segurança da Informação, também se aplicam às senhas de Wi-Fi. Por redes Wi-Fi ficarem muito visíveis a olhos alheios, é bom criar senhas com o número de caracteres acima do recomendado (acima de dez), também sempre compostas, conforme falado anteriormente, por caracteres alpha, números e caracteres especiais.

Existem softwares que são fabricados exclusivamente para tentar descobrir senhas de Wi-Fi. Se a senha for óbvia, muito fácil, é bem provável que a senha será descoberta, pois esses softwares irão tentar várias sequências, e podem descobrir facilmente a senha, caso ela não seja forte. Veja alguns exemplos:

Senha Fraca	Senha Forte
654321	65%$d21001
123654	12ma#54002
Nuvem	NuJ$9v12em
Relógio	Rel$ogio1*

13.2 - Utilizando Protocolos de Segurança

Para melhorar a segurança em redes wireless, são utilizados protocolos como o WEP e WPA, para a criptografia dos pacotes que trafegam na rede.

WEP é um protocolo mais antigo e que possui algumas falhas na segurança, como repetição de chaves que são utilizadas periodicamente pelo algoritmo de criptografia, permitindo que sniffers (programas utilizados para capturar pacotes de redes) possam utilizar dessa repetição, para quebrar a segurança em um dado momento.

O protocolo WPA foi desenvolvido para solucionar as vulnerabilidades do protocolo WEP, mas ainda apresentava alguns problemas e falhas na segurança. Foi então desenvolvido, pelos órgãos internacionais de rede, o protocolo WPA2, ou também chamado de IEEE 802.11i. O WPA2 é um protocolo internacional, assim como o WEP e o WPA, para criptografia de dados em uma rede wireless padrão Wi-Fi.

O protocolo WPA2 pode ser utilizado em um servidor de autenticação de rede, mas pode também, em alguns casos, ser implementado sem a presença deste servidor. Devemos adquirir dispositivos de rede compatíveis com o WPA2, pois não são todos os dispositivos que são compatíveis.

Capítulo 13 Segurança em Redes Wireless (Wi-Fi) • **173**

Atualmente, conferir se o dispositivo é compatível com o protocolo WPA2 é a primeira coisa a fazer na hora da compra dos dispositivos de rede wireless padrão Wi-Fi.

Para ter maior segurança em uma rede wireless padrão Wi-Fi, adquira dispositivos compatíveis com o WPA2, configure e utilize este protocolo na rede, para manter uma rede com pacotes criptografados mais seguros.

Mantenha-se atualizado com os novos protocolos e dispositivos de segurança em redes wireless que deverão surgir no mercado, de acordo com as necessidades de segurança, que podem variar com o passar do tempo.

Estratégias e tentativas de quebra na segurança em sistemas estão cada dia mais sofisticadas. Então, manter-se atualizado com os protocolos de segurança é uma tarefa constante.

13.3 - Ocultando o SSID

O SSID é o nome identificador da rede wireless padrão Wi-Fi.

Podemos dizer que uma rede deste padrão, é detectada e identificada pelos seus dispositivos, através do seu SSID, ou seja, pelo seu nome, que deve ser configurado para permitir a comunicação entre os dispositivos da rede.

É melhor manter o SSID de uma rede Wi-Fi oculto. Se o SSID estiver visível, um invasor pode tentar conectar à rede. Por outro lado, se o SSID estiver oculto, não será possível um invasor tentar se conectar, ao menos que ele tenha descoberto o nome da rede por outros meios. Mas ocultar o SSID já dificulta uma tentativa de invasão da rede, pois é bem melhor do que deixar o nome da sua rede visível para qualquer um que esteja ao alcance desta rede.

Mas como faço para ocultar o SSID da minha rede Wi-Fi? Vamos lá:

174 • Segurança da Informação - Ameaças e Controles

1. No seu navegador (browser) preferido, digite o endereço do roteador. Fabricantes usam endereços diferentes. Veja no manual do fabricante. Alguns roteadores utilizam endereços 192.168.1.1 ou 192.168.100.1;
2. Entre com o usuário e a senha do modem (Veja no manual);
3. Procure as configurações para WLAN (Rede Sem Fio) ou Wireless;
4. No campo do nome SSID, digite o nome que você deseja para a sua rede Wi-Fi (Escolha um nome fácil). Digite uma senha (Key);
5. Procure a opção "Ocultar SSID", ou "Hide SSID", e marque a opção que indique ocultar;
6. Aplique as alterações, clicando no botão "Apply", ou "Confirm", ou "Save", ou "Save Changes", ou qualquer outro termo que indique salvar as alterações atuais;
7. Pronto. O seu SSID agora deverá estar oculto.

Para conectar à rede agora, em vez de escolher a sua rede na lista de redes Wi-Fi disponíveis, você entrará na opção "Outras Redes", e entrará com o novo SSID e senha. Por isso, escolher um nome fácil para o SSID é importante.

Caso você opte por memorizar os dados da conexão de rede Wi-Fi nos seus aparelhos, não será necessário digitar o SSID nas próximas conexões.

13.4 - Implementando Segurança via Endereço MAC

Dispositivos de rede possuem internamente um endereço específico que é utilizado para se comunicar pela rede. Este endereço físico é chamado de MAC (Media Access Control). Esses endereços estão incluídos em seus firmwares (software não volátil instalado de fábrica). Para manter uma segurança de alto nível em uma rede é preciso implementar essa segurança via endereço MAC.

A segurança via endereço MAC é implementada adicionando um filtro via endereço MAC. Quando adicionamos esse filtro, o roteador só permite a comunicação

Capítulo 13   Segurança em Redes Wireless (Wi-Fi)   •   **175**

na rede com dispositivos que estiverem na lista. Esta ação deixará sua rede muito mais segura, pois assim, você estará selecionando qual dispositivo (Computador, Tablet, Smartphone) você quer permitir conectar à sua rede, deixando dispositivos de potenciais invasores fora desta lista.

Vejamos como implementar segurança via endereço MAC em uma rede Wi-Fi:

1. No seu navegador (browser) preferido, digite o endereço do roteador. Fabricantes usam endereços diferentes. Veja no manual do fabricante. Alguns roteadores utilizam endereços 192.168.1.1 ou 192.168.100.1;
2. Entre com o usuário e a senha do modem (Veja no manual);
3. Acesse Wireless MAC Filtering, ou algo equivalente;
4. Marque a opção Enable e selecione Allow (Permitir);
5. Em Add New, entre com o endereço MAC e a descrição do dispositivo, tipo Cel_Maria, PC_Joao, por exemplo, mantendo o Status Enable para cada um dos cadastros;
6. Aplique as alterações, clicando no botão "Apply", ou "Confirm", ou "Save", ou "Save Changes", ou qualquer outro termo que indique salvar as alterações atuais;
7. Utilize a opção Delete, caso deseje deletar um endereço cadastrado.

Existe uma preocupação sobre endereços MAC, pois eles podem ser clonados. Mas se você manter sigilo desses endereços, um hacker provavelmente não conseguirá clonar. Sem falar que a clonagem de endereços MAC exigem alguns detalhes técnicos de fabricante, o que dificulta para o invasor.

É interessante manter também a segurança de redes via endereço MAC!

176 • Segurança da Informação - Ameaças e Controles

Resumo do Capítulo

- As redes wireless, redes que utilizam recursos para comunicação sem fio, são a maior evolução atual no mercado de redes de computadores. São vários os modelos de rede wireless, os mais conhecidos são: Infravermelho; Bluetooth e Wi-Fi. O Access Point é o dispositivo responsável em enviar os sinais da rede via radiofrequência. Atualmente, utiliza-se um Modem Roteador Wi-Fi, que já tem os recursos de Access Point embutidos internamente.

- Senhas seguras são indispensáveis nos requisitos de segurança em sistemas de informação. No início da utilização das redes Wi-Fi, muitas pessoas esqueciam-se de colocar senhas no login de acesso à rede. Isso acarretava inúmeros intrusos, vizinhos utilizando Wi-Fi "grátis" disponível a qualquer momento. Atualmente, como todos já sabem que não se deve deixar uma rede Wi-Fi sem proteção por senha, a preocupação agora é não permitir que vizinhos curiosos consigam descobrir essas senhas. Eles podem utilizar softwares para descobrir, caso seja óbvia, a senha de acesso de redes Wi-Fi. Crie senhas fortes! Por redes Wi-Fi ficarem muito visíveis a olhos alheios, é bom criar senhas com o número de caracteres acima do recomendado (acima de dez), também sempre compostas, conforme citados anteriormente, por caracteres alpha, números e caracteres especiais. Veja alguns exemplos:

Senha Fraca	Senha Forte
654321	65%$d21001
123654	12ma#54002
Nuvem	NuJ$9v12em
Relógio	Rel$ogio1*

- Para melhorar a segurança em redes wireless, são utilizados protocolos como o WEP e WPA, para a criptografia dos pacotes que trafegam na rede. WEP

Capítulo 13 Segurança em Redes Wireless (Wi-Fi) • **177**

é um protocolo mais antigo e que possui algumas falhas na segurança, como repetição de chaves que são utilizadas periodicamente pelo algoritmo de criptografia, permitindo que sniffers (programas utilizados para capturar pacotes de redes) possam utilizar dessa repetição, para quebrar a segurança em um dado momento. O protocolo WPA foi desenvolvido para solucionar as vulnerabilidades do protocolo WEP, mas ainda apresentava alguns problemas e falhas na segurança. Foi então desenvolvido, pelos órgãos internacionais de rede, o protocolo WPA2, ou também chamado de IEEE 802.11i. O WPA2 é um protocolo internacional, assim como o WEP e o WPA, para criptografia de dados em uma rede wireless padrão Wi-Fi. Atualmente, conferir se o dispositivo é compatível com o protocolo WPA2, é a primeira coisa a se fazer na hora da compra dos dispositivos de rede wireless padrão Wi-Fi.

• O SSID é o nome identificador da rede wireless padrão Wi-Fi. É melhor manter o SSID de uma rede Wi-Fi oculto. Se o SSID estiver visível, um invasor pode tentar conectar à rede. Por outro lado, se o SSID estiver oculto, não será possível um invasor tentar se conectar, ao menos que ele tenha descoberto o nome da rede por outros meios. Mas ocultar o SSID já dificulta uma tentativa de invasão da rede, pois é bem melhor do que deixar o nome da sua rede visível para qualquer um que esteja ao alcance desta rede. Mas como faço para ocultar o SSID da minha rede Wi-Fi? Vamos lá:

1. No seu navegador (browser) preferido, digite o endereço do roteador. Fabricantes usam endereços diferentes. Veja no manual do fabricante. Alguns roteadores utilizam endereços 192.168.1.1 ou 192.168.100.1;
2. Entre com o usuário e a senha do modem (Veja no manual);
3. Procure as configurações para WLAN (Rede Sem Fio) ou Wireless;
4. No campo do nome SSID, digite o nome que você deseja para a sua rede Wi-Fi (Escolha um nome fácil). Digite uma senha (Key);
5. Procure a opção "Ocultar SSID", ou "Hide SSID", e marque a opção que

indique ocultar;

6. Aplique as alterações, clicando no botão "Apply", ou "Confirm", ou "Save", ou "Save Changes", ou qualquer outro termo que indique salvar as alterações atuais;

7. Pronto. O seu SSID agora deverá estar oculto.

- Dispositivos de rede possuem internamente um endereço específico que é utilizado para se comunicar pela rede. Este endereço físico é chamado de MAC (Media Access Control). Estes endereços estão incluídos em seus firmwares (software não volátil instalado de fábrica). Para manter uma segurança de alto nível em uma rede, é preciso implementar essa segurança via endereço MAC. A segurança via endereço MAC é implementada adicionando um filtro via endereço MAC. Quando adicionamos esse filtro, o roteador só permitirá a comunicação na rede com dispositivos que estiverem na lista. Esta ação deixará sua rede muito mais segura, pois assim, você estará selecionando qual dispositivo (Computador, Tablet, Smartphone) você quer permitir conectar à sua rede, deixando dispositivos de potenciais invasores fora desta lista. Vejamos como implementar segurança via endereço MAC em uma rede Wi-Fi:

1. No seu navegador (browser) preferido, digite o endereço do roteador. Fabricantes usam endereços diferentes. Veja no manual do fabricante. Alguns roteadores utilizam endereços 192.168.1.1 ou 192.168.100.1;

2. Entre com o usuário e a senha do modem (Veja no manual);

3. Acesse Wireless MAC Filtering, ou algo equivalente;

4. Marque a opção Enable e selecione Allow (Permitir);

5. Em Add New, entre com o endereço MAC e a descrição do dispositivo, tipo Cel_Maria, PC_Joao, por exemplo, mantendo o Status Enable para cada um dos cadastros;

6. Aplique as alterações, clicando no botão "Apply", ou "Confirm", ou "Save", ou "Save Changes", ou qualquer outro termo que indique salvar as alterações atuais;

7. Utilize a opção Delete, caso deseje deletar um endereço cadastrado.

Capítulo14

As Necessidades da Segurança em TI (Tecnologia da Informação)

14.1 - Prejuízos pela Falta de Segurança em TI

A falta de segurança na informação pode trazer vários prejuízos, tanto na vida pessoal quanto na vida financeira da vítima.

Como os computadores são recursos essenciais na vida das pessoas, a necessidade e preocupação com a segurança nos sistemas de informação só tendem a crescer.

Visto que utilizamos softwares para realizar as tarefas que seriam feitas por inúmeras pessoas manualmente, podemos observar que a responsabilidade na utilização desses softwares, também aumenta na medida em que mais atividades são automatizadas pelos aplicativos.

Softwares não trabalham sozinhos, não têm vida própria, por isso, a ação das pessoas é que vai realmente valer na hora de se obter mais segurança.

Os prejuízos causados pela falta de segurança da informação normalmente ocorrem por falta de ação, alguma falha de segurança desconhecida, ou pela falta de planejamento e execução das ações de defesa na empresa. Veja alguns dos princi-

180 • Segurança da Informação - Ameaças e Controles

pais prejuízos que podem ocorrer, caso algum sistema seja invadido por indivíduos não autorizados e com más intenções:

- Compras on-line via cartões de créditos, que tiveram seus números e senhas roubados;
- Saques em conta bancárias, que tiveram seus números e senhas roubados;
- Roubo de documentos sigilosos e importantes;
- Perda de dados;
- Uso de contas de e-mails indevidamente;
- Transtornos em redes sociais por acesso da conta por indivíduos não autorizados;
- Alteração de senhas de contas de Internet impedindo um posterior acesso a essas contas pelos seus legítimos proprietários;
- Danos morais, por uso de contas de Internet de forma ilegítima e não autorizada pela vítima;
- Perda de privacidade, quando um computador está infectado com algum malware, que monitora o acesso à Internet e envia informações para pessoas não autorizadas;
- Prejuízos financeiros, quando um computador tem seu sistema comprometido por um vírus, worm, trojan ou outro malware que irá prejudicar o sistema;
- Prejuízos financeiros pelo tempo gasto com a correção e recuperação dos dados e sistemas, após seu comprometimento devido a uma invasão hacker ou infecção com software malicioso.
- Devido a todas estas ameaças, podemos concluir que o dinheiro e tempo gastos com ferramentas de controle e proteção, podem ser bem menores quando comparados aos prejuízos causados pela falta de segurança na informação.

É sempre bom manter o máximo de segurança possível em sistemas de informação, pois, com sistemas de informação cada dia mais presentes na vida das pessoas, é muito útil e necessário, manter esses sistemas sempre em bom funcionamento.

Capítulo14 As Necessidades da Segurança em TI • 181

A necessidade de proteção e segurança nos sistemas de informação só tendem a aumentar a cada dia. Haverá sempre a necessidade de uma nova proteção, sempre que ferramentas maliciosas (malwares) mais recentes aparecerem.

Manter sistemas cada vez mais seguros não é bem um "gasto", visto que estes investimentos em segurança podem significar muita economia de tempo e dinheiro, com gastos futuros em reparação.

Então, é bom sempre lembrar que, manter sistemas seguros, é uma necessidade constante!

14.2 - Tendências na Segurança da Informação

Com as atuais ameaças, a segurança da informação é uma necessidade diária das empresas. Manter sistemas seguros e impedir acessos não autorizados é uma busca incansável e constante.

É necessário adquirir conhecimentos atualizados, para manter sistemas seguros, pois uma técnica antiga jamais impedirá a quebra de segurança de sistemas por um ataque hacker com técnicas mais atuais.

Clientes poderiam não voltar a comprar em uma empresa, caso ocorressem fraudes ou qualquer outro delito em um de seus sistemas, mesmo que esta empresa tenha feito tudo para corrigir o problema. Então, a questão não é só tentar, mas sim, verdadeiramente impedir os ataques a sistemas de forma eficiente.

Cada cliente sabe que a segurança da informação é uma obrigação da empresa, que mantém em seu domínio, os dados desses clientes.

A tendência atual em Segurança da Informação está dividida em:

- Infraestrutura;
- Monitoramento;
- Controle;
- Análise de vulnerabilidades;
- Administração e gestão de sistemas de segurança;
- Treinamento e orientação de usuários do sistema.

Para manter a segurança em sistemas de informação, devemos investir em equipamentos, análise e controle de segurança nos sistemas, além de promover treinamentos a usuários para garantir sistemas mais seguros e livres de vulnerabilidades que poderiam ser exploradas por hackers ou outras pessoas de má conduta.

Manter uma equipe de defesa bem treinada e atualizada é essencial para implementar os requisitos necessários em segurança da informação, e impedir que dados em sistemas sejam explorados e mal utilizados por pessoas não autorizadas.

14.3 Conclusão

Ao chegar à última página deste livro, podemos observar que manter a segurança em um sistema de informação não é uma tarefa fácil, pois exige muito controle, monitoramento e atualização.

Os dados manipulados por sistemas de informação estão cada dia mais valiosos aos olhos dos infratores, o que pode acabar deixando algum infrator com a ilusão de que poderia conseguir alguma vantagem, sem ser visto, ou pego, por algum controle ou autoridades do setor.

Vulnerabilidades em sistemas são o que mais encorajam os infratores, pois se um sistema é reconhecidamente seguro, o infrator provavelmente nem perderá o seu tempo tentando invadir, e irá à busca de algo mais fácil.

Capítulo 14 As Necessidades da Segurança em TI • 183

Dizer que um sistema está 100% seguro é difícil, mas devemos buscar esta totalidade todos os dias.

Tempos atrás, invadir sistemas era uma tarefa bem mais fácil, mas sabemos que até os mais famosos hackers foram pegos. Agora, imagina hoje, com todos os recursos de defesa que existem.

Atualmente, existem mecanismos eficazes para inibir ataques, permitindo o monitoramento daquele que está tentando entrar de forma ilegal em um determinado sistema. Não sabendo disso, muitas pessoas desavisadas podem querer utilizar mecanismos maliciosos para levar alguma vantagem. Mas esses crimes, desde sempre, foram levados muito a sério. Cuidado com o que você faz!

Perante as estratégias aqui apresentadas, eu espero que você estude uma boa medida a tomar para garantir a segurança permanente e robusta, dos seus sistemas de informação. Há tantas técnicas disponíveis, que o seu sistema só estará realmente vulnerável se você deixar!

Um forte abraço!

Referências

Sites Pesquisados:

Empresa	Site
Avira Antivírus	www.avira.com/pt-br/
Avast	www.avast.com/pt-br/
Norton Security	www.nortonsecurityonline.com
McAfee Antivírus	www.mcafee.com/br/
AVG	www.avg.com/pt-br/
Kaspersky	www.kaspersky.com.br

Anotações

Anotações

Segurança da Informação

Vazamento de Informações
As informações estão realmente seguras em sua empresa?

Autor: Antônio Everardo Nunes da Silva
112 páginas
1ª edição - 2012
Formato: 14 x 21
ISBN: 9788539902613

Certamente, você já leu ou ouviu alguma notícia sobre vazamento de informações. Esta obra aborda este tema e evidencia, pelas notícias publicadas na mídia, como este assunto é intrínseco ao contexto atual das organizações, muito mais do que se possa imaginar. Como todas as informações das empresas privadas ou públicas migraram para o formato eletrônico, foi necessário que as ações para protegê-las se tornassem cada vez mais complexas.
Neste livro, você também encontrará a análise de alguns dos principais elementos que contribuíram para que o risco de vazamento de informações se tornasse mais evidente e crível de ocorrer dentro das empresas, além de apresentar algumas medidas para mitigá-lo, uma vez que a eliminação completa infelizmente não é possível.
Em época do WIKILEAKS é muito importante compreender este tema e tratá-lo com a devida atenção, pois ninguém gostaria de ser surpreendido e ver a reputação de sua empresa ser malucada e virar manchete. A primeira etapa para resolver um problema é reconhecê-lo, sendo esta a proposta do livro.

À venda nas melhores livrarias.

Segurança da Informação para leigos
Como Proteger Seus Dados, Micro e Familiares na Internet

Autor: Gilson Marques da Silva
144 páginas
1ª edição - 2011
Formato: 14 x 21
ISBN: 9788539900197

Neste Livro, o autor, ensina, de forma não técnica, como se tornar um usuário aculturado no âmbito da Segurança da Informação, como ter atitudes mais seguras, de modo a prevenir e remediar problemas de segurança com suas informações, com seu computador e com sua família.

Com a crescente inclusão digital, mesmo os golpes digitais mais antigos ainda são amplamente utilizados e lesam centenas de usuários diariamente. A chave para evitar cair nos velhos e novos golpes é a orientação. Por mais que você tenha sistemas de proteção instalados, eles não serão completos e efetivos se o usuário do computador não estiver bem orientado.

"Segurança da Informação para Leigos" tem como principal objetivo transformar usuários, pouco ou muito experientes com informática, em usuários seguros, orientados, que possam se cuidar corretamente no mundo virtual e orientar outras pessoas, em especial, a própria família.

À venda nas melhores livrarias.

Política de Segurança da Informação

Autor: Fernando Nicolau Freitas Ferreira
e Márcio Tadeu de Araújo
264 páginas
2ª edição - 2008
Formato: 16 x 23
ISBN: 9788573937718

Este livro mostra praticamente todos os aspectos que são contemplados em uma boa Política de Segurança, assim como, soluções de excelente qualidade para cada assunto que podem ser implementadas utilizando-se o guia apresentado. São abordados assuntos como a classificação das informações, controle de acesso, diretrizes de segurança, segregação de funções, backups, tratamento de incidentes, segurança lógica, física, utilização de Internet, e-mail, dentre outros. Esta obra é dirigida aos Security Officers, auditores de sistemas, gestores de TI, executivos generalistas e quaisquer interessados em desvendar o tema

À venda nas melhores livrarias.

Impressão e acabamento
Gráfica da Editora Ciência Moderna Ltda.
Tel: (21) 2201-6662